图说国富论

# 图说
# 国富论

（英）亚当·斯密◎著
孙善春　李春长◎译

中国華僑出版社
北京

图书在版编目（CIP）数据

图说国富论 / (英) 亚当 · 斯密著 ; 孙善春, 李春长译. -- 北京 : 中国华侨出版社, 2021.9
ISBN 978-7-5113-8570-3

Ⅰ. ①图… Ⅱ. ①亚… ②孙… ③李… Ⅲ. ①古典资产阶级政治经济学②《国富论》—通俗读物 Ⅳ. ①F091.33-49

中国版本图书馆CIP数据核字（2021）第132407号

# 图说国富论

著　　者: (英) 亚当 · 斯密
译　　者: 孙善春　李春长
出 版 人: 刘凤珍
责任编辑: 李胜佳
封面设计: 冬　凡
文字编辑: 徐胜华
美术编辑: 潘　松
经　　销: 新华书店
开　　本: 880 mm × 1230 mm　1/32　印张: 8　字数: 180千字
印　　刷: 三河市华成印务有限公司
版　　次: 2021年9月第1版　2021年9月第1次印刷
书　　号: ISBN 978-7-5113-8570-3
定　　价: 38.80元

中国华侨出版社　北京市朝阳区西坝河东里77号楼底商5号　邮编: 100028
发 行 部: （010）64443051　传　　真: （010）64439708
网　　址: www.oveaschin.com　E-mail: oveaschin@sina.com

# 前言

PREFACE

亚当·斯密的《国富论》发表于1776年，书中总结了近代初期各国资本主义发展的经验，批判吸收了当时的重要经济理论，对整个国民经济的运动过程做了系统的描述，为经济学确定了完整的架构，它的出版标志着经济学作为一门独立学科的诞生，是古典政治经济学研究的起点，因此《国富论》被誉为“第一部系统的伟大的经济学著作”“经济学的百科全书”“西方经济学圣经”，而亚当·斯密本人也赢得了“现代经济学之父”的美誉。

《国富论》不仅是经济学的奠基性著作，还广泛涉及经济学以外的诸多领域。在经济学各主题下，针对当时的社会状况，斯密的论述运用了大量的历史资料，涵盖了劳动史、货币史、银行史、制度史、贸易史、教会史、教育史、哲学史、军事史、殖民地史等诸多社会历史领域，并将其融汇成一个整体。而且，对这些复杂的论述对象，斯密往往有着清晰明了的透彻分析。通过详尽的数据统计和分析，再加上准确的判断和总结，斯密使自己的论点具备了强大的说服力。作为道德哲学和经济哲学教授，他同时在文学、修辞学、法学、语言学和科学等学科都有深厚造诣的斯密在每一个社会领域都有着出色的智慧和理解力。因此，《国富论》作为一部经典文化名著，具有一种“究天人之际，通古今之变，成一家之言”的雄厚魅力。

如此一部皇皇巨著，对于普通读者来说，读起来难免会感到吃力。鉴于此，我们优中择优，精选了其中的重要章节及核心内容，以便于读者在有限的时间内更为高效地研读《国富论》，从而达到事半功倍的学习效果。

# 目录

CONTENTS

# 第一篇

# 论劳动生产力进步的原因，兼论劳动产品在不同阶级人民之间自然分配的顺序

第一章

# 论劳动分工

劳动生产力最大的进步，以及劳动在任何地方的运用中体现的大部分的技能、熟练度和判断力似乎都是分工的结果。

通过研究劳动分工在某些具体制造业中所起的作用，我们可以更容易地理解它在社会一般产业中所产生的影响。人们一般认为，在某些微不足道的制造业中劳动分工实施得最细；可是这也许并不是因为小制造业真的比其他更大的制造业分工更细。在那些为少量需求作出供应的小制造业里的工人总数必定很少，不同工作部门的工人通常可以集中到同一个厂房中，同时受到观察者的注意。相反，大型制造业为大多数人供应巨大的需求，每一个工作部门都雇用大量的工人，无法被集中在同一个工厂之内，我们在同一时间地点几乎只能看到在一个小部门中所雇用的工人。因此，比起那些小制造业，这种制造业实际上分成了更多的部门，而分工却不是十分明显，因此较少被人注意。

所以我们且举一个微不足道的制造业为例，其劳动分工常常被人注意：制扣针业。即便再努力，一个没有业务经验且不会熟练使用机器（该机器之发明可能也是劳动分工的结果）的工人，一天可能 1 枚针也造不出来，更不要说 20 枚了。按照这种制造业的运行方式，不仅全部工作是一个专门的行业，而且其中大部分部门也分成专门的行业。一人抽丝，另一人拉直，第三人切断，第四人削尖，第五个人磨光顶端以便安装针头；做针头就要求有两三道不同的操作；装针头是一项专门的业务，把针刷白，甚至将针装进纸盒中也是一项专门职业。这样，扣针的制造约分为 18 道工序。在一些工厂，这 18 道工序分由 18 个专门工人担任。当然，有时一人也兼任两三种。我见过一个这样的小厂，那里只雇用了 10 个人，有些人必须担任两三道不同的工序。他们虽然很穷，必要的机器不足，却能每天造针 12 英镑，每英镑有中等大小的针将近 4000 枚。因此，10 个人每天能制针 4.8 万枚，就是说每人每天制针 4800 枚。如果他们全都独自分别工作，没有一个人受过专门训练，那他们每人每天肯定不能制造 20 枚针，或许连一枚也造不出来；这就是说，肯定不能完成他们现在由于适当分工和各种操作的结合所能完成的工作量的 1/240，甚至连 1/4800 也不能完成。

在其他各种工艺和制造业中，劳动分工的效果与这种小制造业是类似的，尽管许多行业的劳动不能如此细分，每项工序也不能简化到如此简单的程度。但是在每一种工艺中，只要劳动采用了分工，生产力就能取得相应的增长。各种不同行业和职业的各自分立也是这一好处的结果。生产力发达的国家，其各种行业的分立一般也极其细化。在野蛮社会中一人从事的工作，在进步社会中一般由数人从事。在所有的进步社会，农民一般只是农民，制造业者也只是制造业者。而为生产任何一种完全的制造品所需要的劳动，却往往分由许多劳动者合作完成。以麻织业和毛织业为例，从生产亚麻和羊毛，到漂白和烫平麻布，最后到呢绒的染色和整理都由不同的人担任。当然，农业的性质与制造业不同，不容许做那么细致的劳动分工，也不容许将一种工作同另一种截然分开。不可能把畜牧人的工作同谷农的工作彻底划分，像把木匠同铁匠普遍分开那样。纺纱工同织布工几乎总是由不同的人分担，而犁地、耙地、播种和收获则常常由同一个人进行，每年随季节重复着这些劳动，一个人不可能只专门从事一种劳动。农业不能采用完全的分工制度，这就是它的生产力的提高总比不上制造业的主要原因。最富强的国家在农业和制造业上当然都优于邻国，但制造业的优越程度必定远超过农业。富国的土地一般管理得较好，在土地上投入的费用也比较多，农业产品也与土地面积、肥沃程度成正比。尽管生产量较大，但就比例而言，所得也不会大大超过所花费的较大劳动量和费用。在农业方面，富国生产力虽然都比贫国生产力高一些，但不像制造业那样悬殊。因此，如果品质相同，富国谷物在市场上的售价一般不比贫国低廉多少。论富裕和进步的程度，波兰远不及法国，但波兰谷物的价格和品质与优良的法国谷物相同。法国也许比不上英格兰，但法国出产

的谷物其品质和价格大致和英格兰相同。然而，英格兰的谷田比法国耕种得好，法国的谷田比波兰耕种得好。贫国的农业管理尽管不及富国，但在品质及售价方面，贫国生产的谷物却能在相当程度上与富国竞争。但是在制造业上这是不可能的，特别是在富国的土壤、气候、位置都适宜制造业的情况下，贫国就无法与之竞争。法国绸比英格兰绸又好又便宜，就是因为至少在现在原丝进口税很高的条件下，织绸业不十分适合于英格兰，而更适合于法国气候。但英格兰的五金和粗毛织物却远胜于法国。就相同品质的物品来说，英格兰货在价格上比法国低廉许多。而波兰除了国家生存不可缺少的少数粗糙家庭制造业外，据说几乎没有什么制造业。

劳动分工使得同样数量的人们所能完成的工作量大大增加，这要归因于三种情况：第一，每一个工人的熟练程度提高；第二，节约了由一种工作转到另一种工作通常损耗的时间；第三，发明了很多的机器，便利和简化了劳动，使一个人能干许多人的活。

第一，劳动者熟练程度的提高势必增加他能完成的工作量。分工的结果使每个人的工作简化成某种简单操作，并使这种操作成为劳动者终生从事的唯一职业，必然大大提高他的熟练程度。一个普通铁匠习惯使用锤子，但对于制造钉子很陌生，如果有必要让他试着去做，我相信他一天至多只能做出二三百枚钉子来，而且做出来的也是劣质品。即使惯于制钉的铁匠，如果不以制钉为主业，哪怕竭力工作，每人每天也制造不出800枚或1000枚钉子。我曾见过几个不满20岁的专业制钉工人，努力工作时每人每日能制造2300多枚。然而制钉绝不是最简单的操作。如果只有一个人完成整个过程，他必须承担鼓炉、调火、烧铁、挥锤、打制等工作，在打制钉头时还得调换工具。相比较而言，制扣针和制金属纽扣所需的操作要简单一些。而终生以此为职业的人熟练程度通常也高得多。因此，在这样的制造业中，有些操作迅速得简直难以置信，若非亲眼见过，谁也不会相信人手可以干得如此快速。

第二，从节约由一种工作转到另一种工作通常所丧失的时间中所得来的好处，比我们乍看之下所能想象的要大得多。工人不可能从一种工作很快地转到另一种在不同地点、使用不同工具的工作。一个农村织布匠如果同时耕种一小块土地，他必须从织布机转换到田野，又从田野转换到织布机，这必然要浪费大量的时间。如果两种工作能在同一地点进行，损失的时间无疑要少得多。但即使在同一地点场合，效果也是很差的。一个人把他的手从一种工作转向另一种工作时一般都要闲上片刻，当他开始新的工作时也很少能全神贯注；犹如人们所说的，他心不在焉，注意力并不集中在工作上，情愿干些无用之事，也不去干正经工作。如果一个农村劳力每隔半个小时就得改变工作，每天几乎要干20种活计，他必然养成闲荡和漫不经心的习惯，几乎总是懒懒散散，就算最紧迫的情况下也不会让他全神贯注。因此，除了熟练方面的欠缺，单是这个原因也必然大大减少所能完成的工作量。

第三，即最后一点，我们肯定都知道，应用适当的机器能在多大程度上简化和方便劳动，这就不必举例了。使劳动得以如此便利和简化的发明最初似乎都是劳动分工所致，当一个人的注意力全部集中在单一目标，而不是分散在许多事物上时，他们就有可能更容易、更迅捷地达到目的。由于劳动分工，每个人的全部注意力自然而然地集中在某个非常简单的目的上。因此，我们自然可以预期，从事每一种具体劳动的劳动者中总会有某些人不久就会找出比较容易和迅速的方法去完成工作，只要工作的性质允许做出这种改进。在劳动分工最细的制造业，大部分使用的机器最初都是普通工人发明的，他们每个人都从事非常简单的操作，自然要用心去找出完成工作的最迅捷方法。参观这些制造业的人常常会看到一些非常精巧的机器，它们是工人们发明出来便利和简化工作的。最初使用蒸汽机时，工厂常常雇用一个男孩，他在活塞上升或下降时负责打开或关闭汽锅与汽缸之间的通道。一个贪玩的孩子注意到如果用绳子把开闭通道活门的柄系在机器的另一部分上，活门就能自动开闭而不需要他的看管，他就可以和伙伴自由玩耍。自从这种机器发明以来，最大的改进之一就这样由一个想节约自己劳动的孩子发现了。

然而，机器改良绝不是全由那些有机会使用机器的人发明的。当制造机器成为一个专门行业的时候，许多改进都来自机器制造者的聪明才智，也有些改进是出于所谓哲学家或思想家的才智，他们的职业不是做某一件事情，而是观察每一件事情——他们常常能把相距极远和极不相同之物的力量联系在一起。在社会进步的过程中，哲学家或思想家也像每一种其他职业那样，变成了某一类公民主要的或唯一的行业和职业。像每一种其他的行业或职业一样，哲学也能细分成很多不同的分支，兴趣不同的哲学家可以在其中找到不同的职业。而哲学行业的细分也像每一种其他行业一样提高了熟练程度，节约了时间。每一个人都变得对他自己那个特殊部分的工作更加在行，就整体而言也就完成了更多的工作，而用科学手法作统计的工作量也由此大大增加。

在治理良好的社会，分工使得各种行业的产量倍增，普遍的富裕可以惠及最底层的劳苦大众。除满足自身需要以外，一种产品的制造者还有大量产品可以销售；另一种产品的制造者的境况也基本相同。如果需要，每个劳动者都能以自身生产的大量产物换得其他劳动者生产的大量产物，或换得与产品等值的货币。他能充分供给别人所需的物品；他自身所需的也能得到别人的充分供给。于是，社会各阶级也就普遍富裕起来。

在一个文明发达的国家中，如果看一下最普通的工匠使用的生活用品，你会知道，为了使他们能享用它，必须贡献自己工作的一小部分（哪怕只是很小的一部分）的人多得不可胜数。例如，尽管看起来很粗糙，工人穿的毛织品上衣也是大量工人一起劳动的结果。牧羊人、选毛人、梳毛人、染工、梳理工、纺工、织工、蒸洗工、缝纫工和许许多多其他的人，必须结合他们不同的手艺才能完成这种很常见的产品。此外，把材料运输到最遥远的地方需要有多少运输从业者啊！需要多少商业和航运，需要多少造船人、航海人、制帆人、制绳人，以便把染匠所使用的不同染料带到一起——这些染料常常来自世界各个最遥远的角落！可见，为生产最普通劳动者所使用的工具需要经过多少种类繁多的劳动！且不谈如航海人的船舶、磨坊工的磨坊，或是织布匠的织机那些复杂的机器，我们只来看看牧羊人用来剪羊毛的剪刀这一非常简单的机械，它的产生就需要各种不同的劳动。采矿工、熔炉制造工、伐木工、烧炭工、造砖人、泥水匠、炉工、铁铺的设计与建筑者、锻工、铁匠……必须把他们的不同手艺结合起来，才能生产出剪刀。假如我们用同样的方式来考察剪羊毛工人的衣着和家用器具，他贴身穿的粗麻衬衫、他脚上穿的鞋、睡的床以及床的所有不同部件；他准备膳食的厨房和炉灶，烧饭用的煤炭(这或许是通过遥远的海路或者陆路运来的)，他厨房中所有的器皿，餐桌上所有的用具比如刀叉，用来盛饭菜的陶瓷和锡盘，他吃的面包喝的啤酒，抵御风雨、保持屋内温暖、照明房屋的玻璃窗户，以及发明玻璃所需要的知识和技艺(没有玻璃，在世界北方地区生活的人们就不可能拥有非常舒适的住所)，连同生产这些便利品中所使用的所有工具；哎呀，假如我们考察一下所有这些物品，看看每一种物品要使用多少不同的劳动，我们就会明白，没有成千上万人的互助和合作，一个文明社会中最普通的工人也不可能得到他最简易的生活用品，即使根据我们的虚假想象他们是可以得到的。同富有人家的极度奢侈相比，他的生活用品无疑极其简单而平常；然而以下说法也许是真的，即一个欧洲君主的生活用品在数量上大大超过一个勤劳节俭的农民的生活用品，但是其超过程度却也比不上这农民的生活用品超过许多非洲君主的程度——这些君主可是数以万计生命与自由的绝对主宰。

## 第二章

# 论造成分工的缘由

劳动分工有诸多好处，可是它最初并不是人类智慧的结果，人们并没有预见到它可以带来普遍的富裕。它是人类某种倾向非常缓慢的发展的必然结果，这种倾向没有很强的功利性，而只是以物易物、以货换货和用某种东西交换另一种东西。

这种倾向是不是人性中一种无法深入解释的根本原则，或者更有可能是理性和语言出现的必然结果，这都不是我们的研究对象。所有的人都会有这种倾向，而动物就不懂交换或其他任何种类的契约。两只猎犬追逐同一只兔子，有时似乎在互相帮忙，每一只狗都把兔子赶向它的同伴，或在同伴把兔子赶向它时力图拦截。然而这并不是任何契约的效果，而只是在某个时候同一目标欲望的偶然一致。没有人看到过两只狗用两根骨头进行有意识的公平交换。没有人看到过一只动物通过姿势或嚎叫向另一只动物表示：这是我的，那是你的，我愿意用这个交换那个。当一只动物想要从人或另一只动物那里得到什么东西时，它除了获得对方的好感之外，没有其他的劝诱手段。一只小狗向母狗摇尾乞怜，一只长毛垂耳狗做出千般姿态吸引餐桌上主人的注意以得到食物。人有时对他的同胞也使用相同的手段，百般奴颜婢膝，阿谀奉承，企图博得对方欢心。可是他不是每一次都这样去做的。只要在文明社会生活，他在任何时候都需要有大量的合作和别人的帮助，虽然他的整个一生中也许交不上几个朋友。在动物世界，每一个个体在成年之后都是全然独立的，不需要其他动物的帮助；但是人总是需要其他同胞的帮助，而单凭别人的善意他是无法得到帮助的；如果激发别人的自利之心，向他们表明他要求他们所做的事情对他们自己是有好处的，他才更有可能如愿以偿。任何想与他人做买卖的人都是这样行事的。给我所需，你也得到所需，这就是每项交易的意义；我们正是通过这种方式得到自己所需的绝大部分帮助的。我们得到自己的食物并不是由于屠夫、酿酒师和面包师的恩惠，而是由于他们自利的打算。我们不是向他们乞求仁慈，而是诉诸他们的自利之心；我们从来不谈自己的需要，而只谈对他们的好处。除了乞丐之外，没有人完全依靠同胞们的好心来生活。即使乞丐也不完全依靠他人的仁慈，虽然乐善好施者的施舍为乞丐提供了全部的生存资源，但是没有也不可能随时随地满足他的需要。他的大部分日常需要是通过和其他人同样的方式去满足的，即通过契约、交换和购买。他用别人施舍的钱去购买食物，用别人给他的旧衣服去交换其他更合身的旧衣服，或者是住所、食物或钱，用这些他又能随意购买食物、衣服或住所。

所以，我们所需要的帮助大部分是通过契约、交换和买卖而互相取得的，而最初造成劳动分工的也正是这一互相交换的倾向。例如，在狩猎或游牧民族中，善于制造弓矢的人常拿自己制成的弓矢与他人交换家畜或兽肉。慢慢地，他发现与其亲自到野外捕猎，不如与猎人交换更方便，这样他便成为武器制造者。又如，另一个人能把小茅屋或可移动房屋的框架和屋顶建造得又快又好，就往往被人请去建造房屋，得到家畜和野兽的肉作为回报。他也渐渐地发现，如果全心全意从事这一工作自己便能从中获利，这样他就成为一个建筑工人。同样，有的人成为铁匠或铜匠，有人成为硝皮匠或制革匠，毛皮皮革是野蛮人类最初的主要衣料。这样，人们都一定能够用自己消费不完的剩余劳动产品，来换取自己需要的别人剩余的劳动产品。这就鼓励每个人投身于专门职业，并为之培养和完善各自的天赋之才。

实际上，人们天赋才能的差异比我们意识到的要小得多。对成年人来说，使人们从事不同职业的不同才能与其说是劳动分工的原因，不如说是劳动分工的结果。两个迥异之人间的差异，例如哲学家与一个普通街头搬运工之间的差异，似乎并非由于天赋，而是由于习惯、风俗和教育造成的。在6岁或8岁之前，他们很可能非常相像，他们的父母或伙伴看不出他们有什么显著的不同。随后不久，他们开始从事非常不同的职业。于是，才能的不同之处开始被他们自己意识到并逐渐扩大。直到最后，哲学家的虚荣不肯承认任何相似之处。但是如果没有互通有无、以物易物、彼此交换的倾向，每一个人就必须为自己筹办每一种生活必需品与便利品，所有的人都要履行相同的责任，做相同的工作，这样就不可能有职业上的巨大差异和任何重大的才能差异出现。

就像造成了不同职业的人们之间才能的巨大差异一样，交换倾向也使得才能差异变得有用。许多被认为属于同一种类的动物，其天资的差异比起人们在未受到风俗和教育熏陶以前所表现出的差异要显著得多。在天资方面，一个哲学家的天赋同一个街头搬运工的天赋之差异远远不及猛犬之于猎犬，或猎犬之于长毛垂耳犬，或长毛垂耳犬之于牧羊犬的差异。可是这些动物虽然属于同一类，却对彼此没有任何用处。猛犬的生活并不因猎犬的迅速、长毛垂耳犬的伶俐或是牧羊犬的驯良而有丝毫的改善。由于缺乏交易和交换的能力，这种天资和才能之间的差异不能变成一种共同的财富，使同种动物得到较好的供应和便利。每一动物仍然不得不独自维护自己，丝毫得不到自然赋予它同伙的不同才能的好处。与之相反，在人类社会，最不同的才能也都有益于彼此。通过互通有无与以物易物，人们各自发挥才能创造的产品变成了一种共同财富，每个人都可以从其他人创造的产品中购买到自己所需的任何产品。

第三章

# 论分工受市场范围的限制

正如交换能力引起劳动分工，分工的程度必然受到交换能力大小即市场范围的制约。如果市场太小，就没有谁会完全投身于一种专门的职业。因为在这种情况下，他们不能用自己消费不完的剩余劳动产品来随意换得需要的别人的劳动产品。

有些种类的产业，哪怕低级，也只能在大城市而非别处进行。例如一个搬运工在城市之外就找不到工作供给自己衣食。对他来说，一个村庄过于狭小；即使是集市也很少大到让他维持稳定的职业。在那些散布在苏格兰高地荒凉地带的独家住宅或非常小的村落中，每一个农民必得为他和其家庭屠宰牲畜、烤面包和酿酒。在这种情况下，我们很难能找到一个铁匠、木匠或泥水匠，在20英里以内，更难找到另一个同行，离他们最近的人家也必须到8英里或10英里之外。农民们必须学会为自己干大量的零活。在人口较多的国家，他们可以叫那些工匠来帮忙。乡村工人几乎到处都要干大体上使用同一种材料的所有不同行业。一个乡村的木匠要做以木材为原料的每一种工作；一个乡村铁匠要做以铁为原料的每一种工作。前者不仅是木匠，他还是细木工、家具制造人、雕刻工、车轮制造者、耕犁制造者以及手推车和四轮马车的制造者。后者的行业更加多种多样。比

如，在位于苏格兰高地的穷乡僻壤没有制钉这一行业。专业制钉工人每天能造1000枚铁钉，一年工作300天，按照这种速度，他每年能造30万枚铁钉。但在这种情况下，他不可能售出1000枚铁钉，即全年中一天的工作量。

水运为每一种行业开辟了陆运无法单独完成的更加广大的市场。因此，在海岸和在通航河道的两岸，各种产业开始自然而然地分工并不断得到改进。但是常常要等待很长的一段时间，这些改进才能推广到一国的内地。一部由2人驾驭、8匹马拉的宽轮运货马车，在大约6个星期之后才能在伦敦和爱丁堡之间来回运送将近4吨货物。大约在同一时间内，一艘由6人或8人驾驶的轮船却可以在伦敦和利斯两个港口间来回运送200吨货物。可见，借助水运，在同一时间内，6个或8个人可以在伦敦和爱丁堡之间来回运送由100人驾驭、400匹马拉动的20部宽轮运货马车所能运送的同样多的货物。因此，用伦敦至爱丁堡最廉价的陆运所能运输的200吨货物就要开支100个人3个星期的生活费，以及与这种生活费大体相等的400匹马和50部大车的损耗费。而水路运载的同一数量的货物，却只需开支6个或8个人的生活费、一艘载重200吨船只的损耗以及陆运和海运保险之间的差额。所以，如果两地间只有陆运没有水运，那么除了那些重量不大而价格很高的货物，其他的货物便不能由一地运至另一地了。受其制约，两地间的商业就会只存在有水运的情况下的一小部分，而这两地对彼此产业发展提供的便利也就只是如今的一小部分，而世界各地之间就不可能有多少商业存在，甚或根本没有。在伦敦与加尔各答之间，什么货物才能负担得起陆地运输的开支？即使有，又如何使其安全通过众多野蛮领域？可是，这两个都市现在就进行着大规模的贸易，相互提供市场，并可大大促进彼此的产业发展。

所以，由于水运的好处巨大，工艺和产业的改良都在水运便利的地方开始就是很自然的了。这种改良总要隔很久才能普及到内地。由于离河海太远，在很长时间内，内地只能在邻近地方销售其大部分产品，而不能运到很远的地方。因此，在长时间内，该国的市场范围必定也只能和邻近地域的财富与人口相称，其改良也总落后于临海、临河的国家和地区。我们在北美殖民地所开发的大种植园都沿着海岸和河岸延伸，很少扩展到离海岸或通航河道很远的地区。

根据最翔实的记载，最先开化的国家就是那些地中海海湾各国。地中海是世界最大的内陆海，没有潮汐，如果没有风则波澜不兴，再加上岛屿众多，离岸很近，对于世界早期航海事业极为有利。那时由于还不知道有指南针，人们不敢离开海岸太远，又由于造船技术还不高明，人们不敢在惊涛骇浪中航行。在古代，航海穿过直布罗陀海峡长期被看作最不可思议的、最危险的航行伟绩。就连当时以造船航海事业著名的腓尼基人和迦太基人，也是过了许久才敢尝试。而在很长的时间里，也只有他们才敢做此尝试。

在地中海沿岸各国中，埃及的农业和制造业似乎都取得了重大开发与改良。北埃及的繁华地带都分布在尼罗河两岸数英里内。尼罗河在南埃及的部分发展成了无数大大小小、分布全境的支流；只要略加整修，这些支流不但可在境内各大都市，而且可在各重要村落甚至在村野农家之间形成便利的水上交通网。这种情形与今日荷兰境内的莱茵河和麦斯河一样。如此广泛和便利的内陆航运正是埃及早期得以兴起的原因。

在东印度的孟加拉各省和中国东部的某些省份，农业和制造业的改进的历史也非常古老，虽然其古老的程度没有得到我们这一世界中的人信赖的历史权威的证实。在孟加拉省，恒河以及其他几条巨大河流形成了大量可以航行的河道，像尼罗河在埃及那样。在中国东部各省分布着几条大河，它们的各个支流形成了一个交错的河道网，为内陆航行提供了比尼罗河、恒河，甚至比两者加在一起更为广阔的领域。可是值得注意的是，不论是古埃及人、古印度人还是古中国人都不鼓励对外国的贸易，他们似乎全都从内陆航运获得其巨大财富。

非洲内陆、黑海和里海以北遥远的亚洲地区，古代的塞西亚、现今的鞑靼和西伯利亚，一直都处于落后的未开化状态，现在还是这样。鞑靼海是不能通航的冰洋，虽然也有若干世界著名大河流过鞑靼，却终因彼此距离很远而大大限制了商业和交通的发展。欧洲有波罗的海与亚得里亚海；欧亚之间有地中海与黑海；亚洲有阿拉伯、波斯、印度、孟加拉及暹罗诸海湾，这些海湾把海运和河运连接起来。非洲没有这样的大内海，也没有大的港湾，境内诸大河又相隔太远，较大规模的内地航行很难实现。另外，一国虽有大河穿过，但支流很少，其下游和出海口又属他国，这也是它商业不能大规模盛行的原因，因为上游国能否到达海洋不是自己单独能决定的，而要受到下游国的限制。这就是多瑙河对于巴伐利亚、奥地利和匈牙利各国作用甚微的原因。如果这三个国家的任何一国独自拥有该河流入黑海之前的流域，情况就会大不相同。

## 第四章

# 论货币的起源和作用

当劳动分工完全确立后，一个人自己的劳动产品就只能满足其需要的很小一部分了。他拿超出个人所需的劳动产品的剩余部分来交换自己需要的他人劳动产品的剩余部分，以此满足自己的绝大部分需要。这样一来，每一个人都靠交换为生，在某种程度上变成了商人，而社会本身也可以说就变成了商业社会。

但在分工伊始，这种交换力量往往受到种种阻碍。例如有人持有某种自己消费不了的商品，而另一个人所持有的这种物品却不够消费。这样，前者愿意出卖，后者乐于购买，但是如果后者没有前者想得到的物品，两者间的交换仍然不能实现。例如，屠户把自己消费不了的肉放在店里，酿酒师和做面包的师傅都想购买自己所需要的一份，但如果他们除了各自的产品外别无所有，即只有酒和面包，而屠户已有足够的麦酒和面包，那么交易就无法完成了。屠户不能成为酿酒师和面包师傅的商人，酿酒师和面包师傅也不能成为屠户的顾客，这样就不能达到互相帮助。为了完成每一个交易，除自己的劳动产品外，聪明人还要随时携带一定数量的某种物品，这种物品在和任何人进行产品交换时都不会被拒绝。

为达此目的，人们先后想到并使用过许多商品。据说，原始社会曾把牲畜作为交换活动的通用媒介。虽然牲畜是非常不便的媒介，但我们发现古代确实可以用牲畜交换各种物品。据荷马记载：迪奥米德的铠甲仅值9头牛，而格罗卡斯的铠甲却值100头。还有很多物品被作为媒介，例如阿比西尼亚以盐作为媒介进行商业交易，印度沿海某些地方以某种贝壳为媒介，弗吉尼亚用烟草，纽芬兰用干鱼丁，我国西印度殖民地用糖，有一些国家则用兽皮或皮革。据说，现在苏格兰的某个乡村，还有工人会带着铁钉来买啤酒和面包。

然而，由于不可抗拒的理由，所有国家的人们都决定选用金属来完成这一职能。金属不仅易于保存，比任何东西更不容易损坏，还可以不受损失地分割成许多小块，又可以很容易地再把它们熔合起来。这种性质是任何其他同样耐久的商品所不具备的，而这种性质比起其他的任何性质来，使得金属更加适合作为商业和流通的工具。例如，想要购盐而又只有牲畜可以用来交换的人，不得不在同一个时候购入和一整头牛或一整头羊价值相等的盐。他无法少购，因为他可以用来交换的牲畜不可能不受损失地分割；如果他想多购盐，由于同一原因，他就不得不购入 2 倍或 3 倍的数量，即相当于两三头牛或两三头羊的盐。反之，如果他用来交换的不是牛羊而是金属，他就可以很容易地按他当时需要的商品的精确数量，相应地支付一定金属。

虽然目的相同，但各国使用的金属各不相同。古斯巴达人用铁，古罗马人用铜，而所有富裕的商业国都使用金和银。用作交换媒介的金属最初似乎都是粗糙的条块状，未加任何印记，更没有经过铸造。普林尼援引古代历史学家蒂米阿斯的话说：“直到瑟尔维乌斯·图利乌斯时代为止，罗马人还没有铸币，只用铜条来购买他们需要的所有物品。”因此，这些粗糙的金属条就是当时的货币。

以这样粗陋的状态使用金属有两种极大的不便。第一是称量困难，第二是化验困难。如果使用比较粗糙的金属，发生一点误差关系不大，无须称量。但是贵金属一旦在分量上有少许差异，在价值上便会发生很大的差异。若要正确称量这类金属，至少需备有极精确的砝码和天平。尤其金的称量更是一种精细的操作。如果买卖值一个法新的货物，一个穷人也需每次称量这一个法新的重量，人们就会觉得麻烦极了。化验金属的过程更是困难和烦琐。如果不把金属的一部分放在坩埚里，用适当的熔剂熔解，就不能得出十分可靠的结论。在铸币制度尚未建立以前，只有通过这种又困难又烦琐的检验，否则就很容易发生极大的欺骗和伤害。人们售卖货物的所

得中可能混有许多最粗劣最低贱的金属。为方便交易，避免此种弊端，促进各种工商业发展，发达国家都认为有必要在购买货物的特定金属上加盖印章。此即铸币制度和造币厂这种国家机构的起源。其性质类似于麻布呢绒检察官制度。检察官借此确定各种商品的数量与品质。

最早盖在货币金属上的公印，其作用似乎仅仅是确定金属的品质或纯度。当初的刻印，很像现在银器和银条上所刻的纯度标记，如西班牙式标记在金块上刻印，只附在物件的一边，而不盖住金属的整个表面。它只确定金属的纯度而不是重量。据记载，亚伯拉罕称了400舍克勒的银子交给以弗仑，支付自己同意支付的麦比拉的田价。（《旧约全书·创世记》，第二十三章第十六节）据说银子是当时商人通用的货币，它们用重量而不是按个数计算，就像现今的金条和银块。据说古代英格兰的撒克逊国王们的收入，不是用货币而是用实物即各种各样的食物和饮料来计算的。征服者威廉采用了用货币纳税的惯例。可是，这种货币在长时期内是按重量而不按个数计算的。

为了解决准确称量金属工作的麻烦和困难产生了铸币制度。铸币的两面完全覆盖印记，有时边缘也有印记，不仅用来确保金属的纯度，也用来确保它的重量。因此，这种铸币像现今那样按个数流通，省去了称量的麻烦。

这些铸币的名称，最初是表示所含金属的重量或数量。在罗马铸币的瑟尔维乌斯·图利乌斯时代，当时罗马币阿斯(As)或庞多(Pondo)包含 1 罗马磅的纯铜。它像我们的特洛伊磅一样，分为12盎司，每盎司包含十足的 1 盎司纯铜。在爱德华一世时代，每英镑包含1陶尔磅的一定纯度的白银。陶尔磅比罗马磅略重，比特洛伊磅轻。直到亨利八世第十八年，英格兰造币厂才采用特洛伊磅。查理曼大帝时代的法国货币利弗尔(Livre)含纯银1特鲁瓦磅。特鲁瓦是法国东北部香槟省的一个城市，欧洲各国人民时常出入它的市场，它影响很大，声誉很好，大家因此都熟悉并尊重这个有名市场所使用的度量衡。从亚历山大一世到罗伯特·布鲁斯时代，苏格兰币每镑都含有与1镑英币同重量同纯度的银。英格兰、法兰西和苏格兰的1便士货币最初都含有十足1便士的白银，即1盎司的1/20，或1磅的1/240。先令最初也是重量名称。当亨利三世的法律规定，小麦1夸脱价值为20先令时，价值一个铜板的上等小麦面包应重12先令4便士。不同的是，先令对便士或先令对磅的比例似乎不像便士对磅的比例那么一致。法国古时的苏(Sou)或先令，在不同时间等于5便士、12便士、20便士乃至40便士不等。在古代撒克逊人的某一个时期，1先令似乎只含5便士，它的含量的变化同邻国人即法兰克人的先令大抵类似。法国自查理曼大帝时代后，英格兰自征服者威廉一世时代以后，镑、先令或便士之间的比例，尽管没有多大变动，但它们各自的价值却变动很大。我相信，世界各国君主由于贪婪不公，背弃臣民的信任，把货币最初所含金属的实际分量逐渐减少。到了罗马共和国后期，罗马的阿斯减到原来金属重量的1/24，含量名为1磅，实际只有半盎司。英格兰的镑和便士，现今价值大约相当于原值的1/3；苏格兰镑和便士，大约仅相当于原值的1/36；法国的镑和便士，大约仅相当于原值的1/56。很明显，通过这种办法，君王和国家就能以少于原来的银去偿还债务并履行各种契约。

当然，这只是表面如此。实质却是国家政府的债权人因此被剥夺了一部分应得的权利。政府必须允许国内一切其他债务人拥有和君王相等的特权，使得他们同样能以新的贬值币偿还货币改铸前借来的旧币金额。所以，这种方法总是对债务人有利而有损于债权人；有些时候，这种措施在个人财产上造成的巨变比公共大灾祸所能造成的还要巨大和普遍得多。

正是通过这种方式，货币在所有的文明国家变成了普遍的商业媒介，所有货物都用它来进行买卖或交换。

我们现在要考察的是，人们在以货币交换货物或者货物交换货物时自然遵循哪些法则。这些法则决定了所谓的商品相对价值或交换价值。

应当注意，“价值”一词有两个不同的意思。它一方面表示特定物品的效用，另一方面又表示由于占有某物而取得的对其他货物的购买力。前者可称为使用价值，后者可称为交换价值。使用价值很大的东西往往具有极小的交换价值或没有交换价值；相反，交换价值很大的东西往往具有极小的使用价值或没有使用价值。例如，没有什么东西比水更为有用，但它不能购到任何东西，也不会有任何东西和它交换。反之，钻石没有什么用途，但常常能购到大量的其他货物。

为了更清楚地探讨支配商品交换价值的原则，我将尽力说明以下三点：

第一，什么是交换价值的真实尺度，也就是说，是什么构成了一切商品的真实价格；

第二，构成真实价格的不同部分是什么；

第三，什么情况使某一部分或全部真实价格有时高于其自然价格或普通价格，有时又低于其自然价格或普通价格？换句话说，是什么原因阻碍了商品的市场价格，使之不能与其自然价格一致？

我将在以下三章尽可能详论这三个问题。在这方面我诚挚地乞求读者的耐心和注意，请他耐心地考察看似不必要的烦琐细节。在我尽可能作出充分的解释以后，这些东西某种程度上或许仍然是暧昧不明的。我常常宁愿喋喋不休，以确保说得明明白白；但是，由于题目性质的极端抽象，在我可以阐明之前，晦涩难懂可能仍然在所难免。

## 第五章

# 论商品的自然价格和市场价格

在每一个社会或其邻近地区中，所有用途的劳动工资和所有用途的资本利润中都有一个普及率或平均率。这种比率部分受社会的一般情况即贫富情况和社会衰退、进步或停滞状况的调节，部分受到每种用途的具体性质的自然调节。在每个社会或其邻近地区中，同样有一个普通的或平均的地租率，这种比率部分受土地所在的社会或其邻近地区的一般情况调节、部分则受土地的自然或改良的肥沃程度调节。

这种普通的或平均的比率，可以称为在当时当地通行的工资自然率、利润自然率和地租自然率。

任何一种商品价格，假如不多不少正好等于生产、制造这商品乃至运送这商品到市场所使用的按自然率支付的地租、工资和利润，它就可以说是按它的自然价格出售的。

商品出卖的这种自然价格正好相当于其价值，或者说正好相当于出售这商品的人实际上所花的所有成本。虽然按照普通的说法，任何商品的所谓原始成本并不包括将其再行售出者的利润，然而如果按照不能让他在当地获得普通利润率的价格售出，他在这笔交易中显然会遭受损失；因为如果他用其他方法运用他的资本就会获得利润。此外，他的利润就是他的收入，是他的生活资料的正当来源。他在制造商品、把它送往市场去的过程中，不仅要垫付工人的工资或生活资料，也要垫付他自身的生活费用。这种自己的生活费用，大致相当于他希望从出卖商品中得到的利润。所以，如果他未能从出卖商品中得到利润，就等于他的实际成本没有得到合适的偿还。

获得这种利润的价格，虽然并不总是商人通常卖出货物的最低价格，却是他在相当长的时期内愿意卖出的最低价格。至少是在有完全自由的地方，或者在他可以经常随意改变行业的地方是这样。

商品一般出卖的实际价格称为市场价格。它可能低于或高于商品的自然价格，或与之恰好相等。

所有具体商品的市场价格，都取决于实际送到市场的数量与愿意支付商品自然价格的人，即愿意支付将商品送入市场所必需的地租、劳动(工资)和利润的全部价值的人的比例。我们把愿意支付商品的自然价格的人称为有效需求者，把他们的需求称为有效需求，因为它可使商品的交换得以实现。它与绝对需求不同。一个穷人在某种意义上也许可以说有一辆六马拉大马车的需求，但他这种需求并不是有效需求，因为那马车不可能为满足他的这种需求而送往市场出售。

当送入市场的商品数量少于有效需求时，所有愿意支付将商品送入市场所必需的地租、工资和利润的全部价值的人就不能得到他们所需供给的量。其中有些人不愿罢休，宁肯出更高的价钱，他们中间也就开始了竞争，而市场价格必将或多或少地高出自然价格，这要依短缺的多少与竞争者的富有程度和奢侈习性所造成的竞

争激烈程度而定。但在同样富有和同样奢侈的竞争者之间，缺乏程度所能引起的竞争程度的大小要看这商品对求购者的重要性如何。因此，当城市被封锁或发生灾荒时，生活必需品的价格总是非常昂贵。

如果送入市场的商品数量超过有效需求，它就不能全部卖给那些愿意支付将商品送入市场所必需的地租、工资和利润的全部价值的人。有一些货物必须卖给那些出价较低者，这低价必然降低全部商品的价格。市场价格降到自然价格以下，降低的程度取决于超过的数额在多大程度上增加卖主的竞争，或依立即脱手对他们的重要性。易腐烂变质的商品输入过多比耐久性商品输入过多所引起的卖方竞争更激烈。例如，柑橘输入过多后的竞争比铁器更为激烈。

当市场上这种商品量正好满足它的有效需求时，市场价格就和自然价格完全相同或大致相同。商人持有的全部商品可以按这个价格售出，但不能更高。不同商人间的竞争使得他们不得不接受这个价格，但也无法使他们接受更低的价格。

每种商品送入市场的数量会自行适应有效需求。因为，商品量不超过有效需求，就有利于所有使用土地、劳动或资本而以商品供应市场者；商品量不少于有效需求则利于其他所有人。

一旦市场上商品量超过其有效需求，它的价格的某些组成部分的支付必将降到自然率以下。如果下降部分为地租，地主的利润必然促使他不久即撤回一部分土地；如果那是工资或利润，劳工或其雇主的利益就会促使他们从中撤回一部分劳动或资本。送入市场的商品数量不久就会变得只足以供给有效需求，价格中一切组成部分也都升到它们的自然水平，整体价格又与自然价格相一致。

相反，如果送入市场的商品数量少于有效需求，它的价格的某些组成部分的支付必然高于自然率。如果上升部分为地租，其利益自然会促使所有其他地主准备更多的土地用来生产这种商品；如果上升部分是工资或利润，其利益自然会促使所有其他劳工或商人使用更多的劳动和资本去制造这种商品并将其送入市场，这样，市场上商品量不久就充分满足它的有效需求，价格中的一切组成部分也下降到它们的自然水平，整体价格降到自然价格。

因此，自然价格就是中心价格，所有商品价格都不断地向它靠拢。各种偶然事件有时使它们抬高到这一价格之上，有时又迫使它们下降甚至低于它。但是，不管有什么障碍阻止它们固定在这个中心，它们总是会趋向这个中心。

每年将各种商品送入市场所使用的劳动总量，自然也按这种方式自行适应有效需求。其目的始终是把准确的商品量送进市场，使之能够满足有效需求，而又不大于有效需求。

但在某些行业中，相同的劳动数量在不同的年份会生产出非常不同的商品数量；而在其他的行业，生产的商品数量总是相同或者非常近似。在农业中，同样多的劳动者在不同的年份会生产出数量非常不同的谷物、葡萄酒、油类和啤酒花等。但是，同样多的纺工和织工每年生产的麻布和呢绒数量是相同或几乎相同。在前一种产业，只有平均产量才能在各个方面适应有效需求；但由于它的实际产量有时波动很大，所以送入市场的商品数量比起有效需求来就会有时超过很多，有时又缺少很多。因此，即使有效需求经常保持不变，商品的市场价格也会有巨大的波动，有时大大高于，有时又大大低于其自然价格。但在其他种类的行业中，由于同量劳动的生产量总是相同或大约相同，生产量能更准确地适应其有效需求。在有效需求保持同一状态时，商品市场价格也保持不变，和自然价格完全相同或大致相同。麻布和呢绒的价格不像谷价那样经常变动，即使变动也不像谷物那么大。因为麻布和呢绒的价格只随需求的变化而变化，而谷物的价格不仅随需求变化，还随着市场上供应需求的商品量的更巨大频繁的变化而变化。

任何商品的市场价格的偶然和暂时的波动，主要影响价格中的工资和利润两个组成部分，对地租部分则影响较小。用货币规定的地租，不论在价值上还是在比率上均不受影响。按天然产物的一定比例或一定数量规定的地租，由于天然产物的市场价格的偶然和暂时的种种波动，在其每年的价值上无疑会受到影响；但在每年的比率上则无影响。在确定租约条件时，地主和农场主均力图按照自己的最佳判断，努力使地租率适合生产物的平均价格，而不是按它暂时或偶然的价格去确定。

这种波动对工资和利润二者的价值和比率的影响，取决于市场上商品或劳动的积存多少、工作已经完成还是有待完成。一次国丧会提高黑布的价格(在这种情况下，市场的黑布存量几乎总是不足)，增加持有大量黑布的商人的利润。它对织工的工资没有影响。因为这时市场上感到不足的是商品，而不是生产商品的劳动。换言之，是已经完成的工作的不足，而不是有待完成的工作的不足。它会提高裁缝的工资。市场上这种劳动积存不足，对更多的劳动、对完成更多的工作有着有效需求。它会降低彩色丝绸和白布的价格，从而减少了持有大量彩色丝绸和棉布的商人的利润，制造这些商品的劳动者的工资也会因此减少。因为这时候，对于这些商品和生产这些商品的劳动者的需求几乎会停止半年甚或一年。在这种情况下，这种商品与劳动都供过于求。

尽管所有商品的市场价格可以说有不断趋向自然价格的趋势，但有时由于特殊的意外，有时由于天然的原因，有时又由于特殊政策或国家的规定，许多商品可以使市场价格长期维持在远远超出自然价格的水平上。

当某一商品因有效需求增加而市价比自然价格高得多时，供给者通常都小心翼翼地隐瞒这种变化情况从而保守秘密。要是大家都知道，其丰厚的利润定会诱使许多新竞争者向这方面投资，其结果将是有效需求完全得到供给，这种商品的市场价格不久就降低到自然价格，有时甚至降低到自然价格之下。如果供应商离市场很远，他们有时能几年保守这个秘密，在这几年内，他们就可得到高出一般的利润而不致受到同行业对手的竞争。但是，必须承认，这种秘密不可能长期保守，一经泄露，超额利润也就不能保持。

制造业的秘密能比商业的秘密保持更久。一个染匠发现了用某种染料去生产某一种的颜色，比普通所用染料便宜一半，只要经营得法，他可以终生享用这一发现，甚至将其传给子孙。这种超额利润是来自他私人劳动的高价格，或者可适当地说是他那种劳动的高工资。但由于他的全部资本一再得到这种利润，并且他的利润总额与其资本数量保持一定比例，因此我们一般不把它说成是劳动的高工资，而说成是资本的超额利润。

这样增高的市场价格显然是某种意外事件的结果，但它的作用有时也能持续多年。

有些自然产物对生产环境的要求很严格，要求特殊的土壤和位置，即使一个大国适于生产这些产物的土地全被使用，仍不足以供应有效需求。因此，送入市场的全部产品就有可能售给那些愿意支付更高价格的人。这种商品可能持续几个世纪按这种高价出售，其中支付的土地地租一般高于其自然价格。提供这种珍贵产物的土地的地租，如法国某些具有特优土壤和位置的葡萄园的地租，和其邻近同样肥沃和同样精耕细作的其他土地的地租就不会保持某一正常的比例。不过，其价格中的劳动工资及资本利润却常常和邻近地区保持自然的比例。

这样增高的市场价格显然是自然的原因造成的。自然原因可能使有效需求永远得不到充分供给，因而可能永远进行下去。

给予个人或贸易公司垄断的权利，与商业或制造业中保守秘密的作用是一样的。垄断者通过使市场经常存量不足，通过决不使有效需求得到充分供给，就可以将其商品大大超出自然价格出售而获得报酬，无论是工资或是利润都大大超出其自然价格。

在任何时期，垄断价格都是可能得到的最高价格。相反，自然价格或自由竞争的价格，虽不是在所有时候，却是较长期间内所能接受的最低价格。在任何时期，垄断价格都是能向买者敲诈的最高价格，或是买者愿意支付的最高价格，而自然价格或自由竞争的价格却是卖者普遍能接受、可以继续营业的最低价格。

同业公会的排他特权、学徒法规，以及限制某种特殊职业上竞争人数的各种法律，在趋向和实质上完全等同于垄断，只是程度低些而已。它们是一种扩大了的垄断，经常可以在很长时间里使某些产业的所有商品的市价超过其自然价格，使其中的劳动工资和资本利润维持在比自然率略高的水平。

商品市场价格的这种提高显然是各种法规造成的。只要这些法规还有效，这种提高就必然会存在下去。

一种商品的市场价格虽可长期居于自然价格之上，却很少能长期处于自然价格以下。不论价格的哪个组成部分的所得低于自然率，利益受到影响的人会立即感到遭受了损失，因而会立即将用在上面的土地、劳动或资本撤出一部分，使其投入市场的数量不久就只足以供给有效需求。因此，它的市场价格不久就会升至自然价格，至少在交易完全自由的地方是这样。

在制造业繁荣时，同样的学徒法规与其他各种法规可以使劳动者的工资抬高到自然率以上；但一旦制造业衰微，它们就会使劳动者的工资大大降低到自然率以下。在前一情况下，这些法规把许多人排除在他的行业以外，在后一情况下，又把他排除在许多其他行业之外。可是，在使工人的工资降到自然率以下方面，这种法规的效果却不及将其提高到自然率以上那么持久。这些法规的作用在前一情况下可能维持很长时间，在后一情况下则只能维持行业兴旺时受到培训的那些工人的一生。当他们去世后，接受这种行业的教育的人在数目上就会自行适应有效需求。如果像印度和古埃及那样，宗教教义规定各个人都有义务继承父业，变动职业就是犯下最重的渎神罪，那么无论何种职业都不难使其劳动工资或资本利润连续几代降低到自然率以下。

关于商品的市场价格偏离自然价格，不论是偶然的或持久的偏离，我想我现在要说的就是这些了。

自然价格本身，随着其组成部分即工资、利润和地租的自然率而变动；但无论在什么社会，这种自然率都随着社会的贫富、进步、退步或停滞而变动。在下面四章，我力图尽可能地详述这些不同变化的原因。

第一，我将力图说明，什么情况自然地决定了工资率，这些情况又是以何种方式受到社会贫富、社会进步和停滞或衰落状态的影响。

第二，我将力图说明，什么情况自然地决定了利润率，这些情况又怎样受到社会贫富、社会的进步和停滞或衰落状态的影响。

虽然货币工资与货币利润因劳动及资本的用途不同而大不相同，但在所有不同行业中的货币工资，在所有不同用途中资本的货币利润，通常却似乎都存在某种比例。这个比例部分依存于不同用途的性质，部分依存于所在社会的不同法律和政策。但是，这一比例虽然在许多方面依赖法律和政策，却很少受到社会贫富的影响，也很少受到社会进步、停滞或衰落状态的影响：在所有这些情况下，它始终保持不变或几乎不变。

第三，我将力图说明影响这个比例的所有不同情况。

第四也是最后，我将力图说明，什么情况影响土地的地租，并使一切土地生产物的实际价格上升或下降。

## 第六章

# 论资本利润

资本利润的增减取决于使劳动工资增减的同一原因：社会财富的增减。但财富状态对两者的影响全然不同。

资本增加一方面提高了工资，另一方面也倾向于减少利润。在同一行业中，如有许多富商投下了资本，他们的相互竞争自然倾向于减少该行业的利润；而如果同一社会各种行业的资本全都同样增加，那么同样的竞争必然也对所有行业产生同样的结果。

前已述及，即使要确定某一特定地方和某一特定时间的劳动的平均工资也很困难。而且，我们所能确定的也只不过是最普通的工资。但就资本利润说，就连最普通的利润我们也很少能够确定。利润变动不定，经营某特定行业的人也未必都能够说出他的每年平均利润是多少。其利润不但要受他所经营的那些商品价格的变动，而且要受他的竞争者和顾客的财务状况好坏、商品在海陆运输上，甚或在仓库所可能遭遇的许许多多意外事故的影响。所以，利润率不仅年年变动，日日变动，甚至时时刻刻都在变动。要确定一个大国各行业的平均利润也就必然更加困难，要相当准确地确定以前某一时期的利润则是完全不可能。

不过，要相当准确地确定往昔或现今的资本平均利润虽不可能，但我们可以从货币的利息上得到一些相关信息。可以提出这样一个原则：在使用货币所获较多的地方，货币的使用通常支付较多的报酬；在使用货币所获较少的地方，货币的使用通常支付较少的报酬。我们由此确信，任何资本的一般利润必随当地市场的一般利息率的变动而变动。利息率下落，利润必随之下落；利息率上升，利润也必随之上升。所以，利息的变动情况可使我们对利润的变动情况略有了解。

亨利八世第三十七年，一切超过10%的利息都被宣布为非法。可见，以前的利息时常在10%以上。其后，受宗教的影响，热心宗教的爱德华六世禁止一切利息。但和同性质的其他各种禁令一样，这种禁令据说没产生效果，高利贷的弊害非但没有减少反而增加了。于是，由于伊丽莎白女王第十三年的法令第八条的规定，亨利八世的法令又发生效力了。此后，10%通常为法定利息率，直到詹姆士一世第二十一年，才限定为8%。复辟后不久，利息率减为6%。安妮女王第十二年，再减至5%。这一切法律的规定似乎极其适当。它们都是跟随市场利息率或有良好信用的人通常借款的利息率变动之后而非之前作出的。自安妮女王时代以来，5%的利息率似乎比市场利息率高而不是低。在最近一次战争以前，政府曾以3%的利息率借款。而王国首都及其他许多地方，资金信用良好者则以3.5%、4%或4.5%等利息率借款。

自亨利八世以来，我国的财富与收入都在不断增加，而且在这一过程中增加的速度似乎是逐渐提高而非降低。不仅是进步，而且进步得越来越快。这期间的劳动工资不断增加，而大部分不同行业的商业与制造业的资本利润却在不断减少。

在大都市经营一种行业，往往比乡村需要更多的资本。各种行业上所使用的资本的庞大充裕和竞争者人数的众多是都市资本利润率一般低于农村资本利润率的原因。但是，都市的劳动工资一般要高于农村。在繁荣的都市，拥有大量生产资本的人往往不能按所需人数雇到劳动者，所以他们要互相竞争，抬高劳动工资而减少资本利润。在没有充足资本雇用所有劳动者的偏僻地方，一般人民为获得职业而相互竞争，于是劳动工资降低而资本利润增高。

苏格兰的法定利息率与英格兰相同，市场利息率却更高。该地信用良好的人通常不能以低于5%利息率借款。就连爱丁堡的私立银行，对于随时兑现全部或一部分的期票也给予4%的利息。伦敦的私立银行对于存入的资金不支付利息。在苏格兰，经营几乎所有行业所需资本都少于英格兰。所以苏格兰的普通利润率要高于英格兰。如上所述，苏格兰的劳动工资要低于英格兰。此外，苏格兰不仅比英格兰穷得多，其发展的速度也慢得多，尽管它也在显著地前进。

法国18世纪的法定利息率并不总是由市场利息率来调节的。1720年，法定利息率由1/20下降到1/50，即由5%落到2%。在1724年，提高到1/30，即提到3.33%。在 1725年，再提到1/20，即提到5%。1766年，拉弗迪先生执政时又减到1/25，即4%。其后，神父特雷执政又恢复到原来的5%。一般认为，这样强行抑制法定利息率的目的是为降低公债利息率做准备，而这种目的有时确曾达到。就现在而论，法国也许没有英格兰那么富裕。法国的法定利息率一般比英格兰低，而市场利息率却一般要比英格兰高，这是因为像在其他国家一样，在法国也有很安全简易地回避法律的方法。据在英法两国经商的英格兰商人说，法国的商业利润比英格兰高。因此许多英格兰人才不想把资本投在重商的本国，而愿意投在轻商的法国。法国的工资比英格兰低。你如果从苏格兰到英格兰去，你所看到的这两地普通人民服装和脸色的差异就能够充分表明这两地社会状况的差异。然而，假如你从法国回到英格兰来，这种对照就更为鲜明。法国无疑比苏格兰富裕，但其发展速度并非那么迅速。人们一般甚或一致认为，法国正在退步；但是，一个二三十年前看到过苏格兰而现在再次看到它的人绝不会认为它在倒退，这种见解即使对法国来说也没有根据。

另外，就领土面积与人口的比例来说，荷兰比英格兰富裕。荷兰政府以2%的利息率借款，而有良好信用的人民以3%的利息率借款。据说荷兰的劳动工资比英格兰高。大家知道，荷兰人经营生意所获利润要低于欧洲的其他任何国家。有些人说，现今荷兰的商业正在衰退。就商业的某些部门来说也许确是如此，但上述表征或许

可以表明，该国商业并未普遍衰退。当利润减少时，商人们往往都埋怨说商业衰退了；可是利润减少，乃是商业繁盛的自然结果，或是所投资本比以前更多的自然结果。在最近的一次战争中，荷兰人乘机获得了法国的全部运输业务，而且直到现今还操控着一部分。英法的国债成为荷兰人的一宗巨额财产，据说英格兰的金额就有大约4000万镑(但我怀疑是过分夸大了)。此外，荷兰人还把巨额资金贷给利息率高于本国的外国私人，这些事实都无疑表明他们资本的过剩；或者说，他们的资本已增加到投在本国产业上不能得到适当利润的程度，但这并不能表示商业的衰退。由经营特定行业而获得的私人资本增加到不能全部投在这一行业上的程度，但这一行业仍在继续发展。一个大国的资本也可能是这样。

在我国北美及西印度的殖民地，劳动工资、货币利息和资本利润都高于英格兰。各殖民地的法定利息率和市场利息率是6%到8%。不过，劳动的高工资和资本的高利润同时存在是新殖民地特殊情况所特有的现象，这在其他地方颇为少见。在新殖民地中，资本与领土面积的比例以及人口对资本的比例在一定期间内必然低于大多数国家。他们所拥有的土地多于其资本所能耕作之数，所以，他们只把资本投在土质最肥沃和位置最适合的土地上，即投在海滨和通航河道沿岸各地。此外，购买这等土地的价格往往低于其自然生产物的价值。为购买并改良这等土地而投下的资本也就必然产生极大的利润，因而使他们能够支付非常高的利息。投在这种有利用途上的资本的迅速积累，使种植园所有者能雇用的工人数很快增加到新殖民地不能提供的程度。这样，他们能在新殖民地雇用到的劳动者的报酬也就极其优厚。但是，随着殖民地的扩展，资本利润就逐渐减少。土质最肥沃和位置最好的土地已经全被占有，耕作土壤和位置较差的土地所能取得的利润就比较少，用在土地上的资本，也只能提供较低的利息。在18世纪，我国殖民地大部分法定利息率和市场利息率都因此大大减少。随着财富、改良工作及人口的增进，利息降低了，而劳动工资却不与资本利润共同降低。不论资本利润如何，对劳动的需求都随资本增加而增加。利润减少，资本却不但继续增加，而且比以前增加得更为迅速。就这一点来说，勤劳的国家和勤劳的个人都一样。大资本利润虽低，一般来说却又比高利润的小资本发展得更为迅速。俗语说，钱生钱；已经取得了少许资金，你就不愁取得更多。最困难的是如何取得这最初的金钱。以上我已就资本的增加和劳动的增加，即资本的增加和对有用劳动之需求的增加之间的关系作了部分的说明，在论述资本积累时还会详加说明。

新领土的获得或新行业的开展也会提高资本利润，因而也会增加货币利息，即使在财富正在迅速增加的国家也是如此。由于这国家的资本不够应付这种新获得或新发展给各个人带来的全部业务，所以只把它投在能提供最大利润的行业上。以前投在其他行业上的资本必有一部分被撤回并投入更有利的新行业中。所以，那些旧行业的竞争便没有以前那么剧烈，而市场上各种货物的供给也随之减少。货物减少，价格势必或多或少地上升，这就对经营者提供更大的利润，而他们也能以比从前高的利息率借款。在最近一次战争结束以后不久，有良好信用的个人乃至一些伦敦最大商号，一般是以5%的利息率借款，而在战前，他们通常未曾支付过超过4%或4.5%的利息。我国占领北美和西印度曾增加我国领土与贸易这一事实就足以说明这一点，而不必设想我国资本存量已经减少。旧资本经营的业务增加得那么多，必然使很多行业的资本量减少；这些行业由于竞争较小，利润也就必然增加。

但是，社会资本量即维持产业的资金的减少使劳动工资降低，因而使资本利润以及货币利息增高。由于劳动工资降低，社会上剩余的资本的所有者将货物提供给市场所需的费用就少于以前；又由于用来供应市场的资本比以前少，他们能够以高于先前的价格出售货物。他们货物的成本比以前低，而所得却比从前高，他们的利润从两方面增加，因此也就能够支付更高的利息。在孟加拉及东印度其他英属殖民地，获得巨大资产之迅速、轻易这一事实足以证明这些贫苦地方的劳动工资非常之低，而资本利润却非常之大，相应地其货币利息也非常之高。孟加拉农人往往以40%、50%或60%的利息借入资金，并以下一季的收获物作为抵押。能够担负这种高利息的利润必然占据地主的几乎所有地租，而这样高的利息也必然占据利润的大部分。罗马共和国衰亡以前，各省在其导致毁灭的总督管理之下似乎都有同样高的利息。从西塞罗的书简可知，道德高尚的布鲁图斯也在塞浦路斯岛以48%的利息放款。

一国所获的财富，如已达到它的土壤、气候和相对于他国的位置所允许的最大限度，因而再无进步可能但尚未退步之时，它的劳动工资及资本利润可能都非常之低。一国人口的繁殖，如已完全达到其领土所能维持或其资本可雇用的限度，那么在这种状态下，职业上的竞争必然非常激烈，使劳动工资降低到仅可以维持现有劳动者人数的程度；而由于人口已经非常稠密，劳动者人数也不可能再有增加。一国的资本，如相对于国内各种必须经营的行业所需要的资本而言已达到饱和程度，各种行业所使用的资本就达到各行业的性质和范围所能使用的程度。这样，各地方的竞争就会非常激烈，普通利润降到最低程度。

然而，也许没有哪个国家的财富曾经达到这种程度。中国似乎长期处于静止状态，其财富也许在许久以前就已完全达到该国法律和制度所允许有的限度，但如果在其他法律和制度之下，中国土壤、气候和位置可允许的限度很有可能会远大于上述限度。一个忽视或鄙视对外贸易，只允许外国船舶驶入一两个港口的国家，无法经营太多的贸易。此外，在这样一个国家，富人或大资本家在很大程度上享有安全，而穷人或小资本家不但不能享有安全，而且随时都可能被下级官吏借口执法而强加掠夺，该国国内所经营的各种行业都绝不可能就各种行业的性质和范围所能容纳的程度投下足量资本。在各种行业中，压迫贫者必然使富者建立垄断。富者就能将全部贸易据为己有，从而获取极大利润。所以，中国的普通利息率据说是12%，而资本的普通利润必然足够担负这样高的利息。

一国法律上的缺陷，有时会使其利息率增高到大大超过其财富或贫富状况所要求的程度。它的法律如果不强制人们履行契约，那就使一切借款人所处的地位近乎法制健全国家中的破产者或信用不好者。债权人收回借款的不确定性使他索取破产者在借款时通常需要出的那么高的利息。许多世代以前，在蹂躏罗马帝国西部各地的蛮族中，履行契约全凭当事者的信用；他们君主的法院很少干预此事。当时利息率达到那么高，恐怕这也是部分原因。

要是法律完全禁止利息，那也不能收到效果。许多人必须借入资金；而债权人不仅对于这笔资金的使用要求相当的报酬，而且会对回避法律的困难和危险要求相当的补偿。孟德斯鸠说，一切回教国家利息率高并不是因为他们贫穷，而是部分因为法律禁止利息，部分因为贷款难以收回。（孟德斯鸠，《论法的精神》，第十九章）

最低的普通利润率，除了要足够补偿投资容易遇到的意外损失以外，还须有剩余。只有这一剩余才是纯利润或净利润。普通所谓的毛利润除了包含这种剩余以外，还包含为补偿意外损失而保留的部分。借款人所能支付的利息只与纯利润成比例。

即使相当谨慎，出借资金也有意外损失的可能。和最低的普通利润率一样，最低的普通利息率除了补偿借贷容易遇到的意外损失外，还须有剩余。如果没有这一剩余，出借资金的动机就只能是善心或友情了。

在财富已达到顶点，而且用在各种行业上的资本都已达到最大限度的国家，普通纯利润率就会很低，这种利润所能负担的普通市场利息率也就很低。这样一来，除了最富有的人，任何人都不能靠货币利息生活。小有产者和中等有产者都不得不亲自监督资本的用途。几乎一切人都得成为商人，或有必要从事某种产业。荷兰的现状似与此相近：在那里，不是商人就不能算是时髦人物。必要性使得几乎每一个人都习以为常地去经营某种行业，习俗又到处支配时尚。不和别人穿上同样的服装便成为笑柄；不和别人同样从事经营在某种程度上也是一样。正如一个文官厕身行伍一样，一个无所事事者在商人之中自会感到很尴尬，甚至受到鄙视。

最高的普通利润率，在大部分商品价格中会完全占去应当归作地租的那一部分，仅余足够支付商品生产及送往市场所需的劳动工资，即在任何地方能支付劳动的最低工资，这只够维持劳动者的生存而已。在劳动者从事劳动之时，你总得设法养活他们。但地主不一定总是得到支付。东印度公司职员在孟加拉经营商业的利润恐怕与这最高利润率相差不远。

通常来说，市场利息率对普通纯利润率所应有的比例必随利润升降而变动。在大不列颠，商人把两倍利息的利润看作良好、适中的或合理的利润。我认为，这就是所谓的普通利润。在普通纯利润率为8%或10%的国家，借用资金来经营业务的人以所利得润之半作为利息也许是合理的。资本由借用人担负风险，他好像给债权人保险。在大部分行业中，4%或5%既可作为这种保险所冒风险的足够补偿，也可作为不辞辛苦运用这笔资本的足够报酬。然而，在普通利润率低得多或高得多的国家里，就不可能有像上述那样的利息和纯利润的比例。利润率低得多时，也许不能以一半作为利息；而利润率高得多时或许可以用一半以上。

在财富迅速增加的国家，许多商品的价格中的低利润率可以弥补劳动的高工资。这样，它们的商品就能与较不发达、劳动工资较低的邻国的商品以同样低廉的价格出售。

实际上，高利润比高工资更加容易提高产品价格。例如，麻布制

造厂各种劳动者，如梳麻工、纺工、织工等的工资，如果每天各提高2便士，一匹麻布价格所必须增高的数额只等于生产这一匹麻布所雇的工作人数乘以工作日数再乘以2便士。在一切制造的阶段，商品价格中归于工资的那一部分只按算术级数依次增加。但雇用这些工人的所有雇主的利润，如果都抬高5%，那么在全部制造阶段，商品价格中归于利润的那一部分则按几何级数递增。梳麻工的雇主在卖麻时，要求额外加上他所付给的材料和工人工资的全部价值的5%。同样，纺工的雇主也要求额外加上他所付给的麻价和纺工工资的全部价值的5%。推而广之，织工的雇主也同样要求另外加上5%。因此工资增高对商品价格抬高的作用正如单利对债务累积的作用一样，而利润增高的作用却像复利的作用一样。我国商人和制造者对于高工资提高物价，从而减少国内外销路的恶果大发抱怨，对于高利润的恶果却只字不提。他们对自己的利得产生的恶果保持沉默，却只对由他人的利得产生的恶果满腹牢骚。

第二篇

# 论资财的性质、积累和用途

## 第一章

# 论资财的划分

一个人不会指望从一笔仅够支持自己几天或者几周生活的资财中得到任何收入。他只能尽自己的所能，节约地使用它，在将这笔款子用尽之前，从自己的劳动中取得一些东西去为它作补充。在这种情况下，他的收入完全来自他的劳动。各国贫穷劳动者大多是这种状况。

但是这个人可能指望从一笔足够支持自己几个月或者几年生活的资财中取得某种收入。他会在这笔款中保留适当比例，用作自身的生活开支，余下的部分就被用来获取某种收入。他的全部资财就这样被一分为二。一部分他希望用来取得收入，称为资本；另一部分用作目前的消费。后者又包含三项：一是为这一目的而保留的那部分资财；二是逐渐得来的任何收入；三是用以上两项之一买进来但至今尚未用完的物品，如衣服和家具。人们普通积蓄以供自己直接消费的资财必包含三项中的部分或者全部。

资本为投资者提供收入或利润，其使用的方法有两种。

第一，资本可用来生产、制造或购买物品，然后出售取得利润。资本在留在所有者手中或保持原状时，对于投资者不能提供任何收入或利润。商人的货物在出售换得货币以前，这货物不能提供收入或利润；货币也是一样，在再次支付以换得货物以前，也不能提供收入或者利润。商人的资本，以一个形态付出，又以另一个形态收进，在这种持续的流通或者交换中，他才可以赚取利润。这样的资本是流动资本。

第二，资本又可以用来改良土地、购买机器和有用的工具，或用来置备无须易主或者再次流通即可提供利润的东西。这样的资本是固定资本。

固定资本与流动资本之间的比例依行业的不同而大不相同。

比如，商人的资本全部是流动资本。如果不把商店或仓库看作机器或工具的话，可以说他根本无须使用机器或工具。

手工业者和制造业者的资本的一部分就必须固定在生产工具上，只是这部分的大小各不相同。这部分的比例，在有的行业很小，在别的行业就很大。裁缝只需要一包针，鞋匠的工具稍微贵些，而从事织布业的人的工具就贵了许多。然而这后一类的手工业者的资本，大部分是流动资本，它们先以工人工资或者原料价格的形式流出，后作为产品价格的利润重新流入。

经营其他的事业所需要的固定资本就大得多。要办一个大型铁厂，要设置熔铁炉、锻冶场、截铁场，经费的需要就极大。至于开采煤矿所需的吸水机以及其他各种机械，花销还要更大。

农场主购买农具时所用的资本是固定的，他把这资本留在自己的手中以获取利润。他用以维持工人与支付工资的资本是流动的，从他的手中支付出去以获取利润。和农具一样，耕畜的价格或价值称为固定资本；和维持工人的费用一样，饲养牲畜的费用称为流动资本。农场主通过保有耕畜和支付饲养牲畜的费用获取利润。但是以出售而不是以代耕为目的的牲畜，农场主是在出卖牲畜时取得利润，其购买和饲养的费用应当归入流动资本的范围。在生产牲畜的国家，不以代耕或贩卖为目的，而是以剪毛、挤奶、配种求利润为目的而买入的羊或牛应当称为固定资本，因为在这里求利润的方法在于保有它们；它们的维持费是流动资本，利润是通过付出它来取得的。赚回维持费的时候，维持费的利润及牲畜全部价格的利润，都会通过羊毛价格、产奶价格、幼种价格提供。种子虽流动于土地与谷仓之间，但没有改变主人，即没有真正地流动过，农场主获取利润不是靠出售种子，而是靠种子进行繁殖，种子的全部价值也因此可称为固定资本。

一个国家或一个社会的总资财就是其全体居民的资财，按照功能和作用的不同，它由三个部分组成。

第一部分是本身不能提供收入或者利润，而仅仅供给直接消费的资财，这包括诸如消费者已经购买，而正处在消费过程当中的食品、服装和家具等物。在一定意义上，它甚至也包括仅供居住的居民房屋。这是指屋主买来自己居住的房屋。从屋主开始入住该房屋的时候起，花费在这所房屋上面的款项就已经不再是资本，因为从这个时候算起，它不再能够为房屋的主人带来任何形式的收入。这时候，房屋便和衣服、家具一样，对于主人，它们都是有用而不能为他带来收入的东西，它们是纯粹的成本，而无关收入。屋主可以通过出租房屋取得利润，然而房屋本身不能为租户提供任何东西，租户要支付租金，仍须动用从劳动、资本或土地上取得的收入。虽然它为屋主私人提供收入，因而对他具有资本的作用，但对社会公众不提供收入，不能起到资本的作用。它丝毫不能增加全体人民的收入。同样，有时衣服和家具也可提供收入，从而对某些个人有资本作用。有人在化装舞会盛行的地方出租化装衣服为业，租期为一夜。家具商人常常论月或论年出租家具；殡葬店往往论天论星期出租丧葬用品。还有许多人出租备有家具的房屋，不仅收取房租，还收取家具租。总而言之，虽然这样的租借到处都有，但由出租这种物品而得来的收入归根结底总是出自别种收入来源。此外要注意的就是，即无论就个人来说或社会来说，在留供直接消费的各种资财中，投在房屋上的那一部分是消费最慢的。衣服可穿用数年，家具可使用50年或100年，但建筑坚固、保护周全的房屋可使用好几百年。不过房屋虽要很长时间才会消耗掉，它还是和衣服、家具一样属于供直接消费的资财。

第二部分就是不必经过流通或者易主，就可以提供收入或者利润的固定资本。它由四种情况构成。

第一，任何可以使劳动简单化和方便化的设备和工具。

第二，不论对于出租房屋的屋主，还是对租用这房屋的人来说，任何可以从中取得利润的建筑。这种类型的房屋包括商店、仓库、工场、农舍、畜舍、谷仓等。一般人是把它们当作生产工具看待的，而它们也的确具有生产工具的功用。这是它们区别于普通住房之处。

第三，用开垦、排水、围墙、施肥等有利可图的方法投下的使土地变得更适于耕作的土地改良费用。在使劳动变得更加省力和方便的方面，经过改进的农场和具有一定功能的机器是一样的，它们都有助于在某一领域投下的相同数量的资本为投资的人带来比原先多得多的收入。土地的好处是它比机器更加经久耐用，因为农场主只要把资本一次投在土地上，此后土地便会自然地为他提供更多的收入。

第四，社会上一切人民学到的有用才能。花费不少资本进学校做学生，或者进工厂做学徒，这样学到的有用的才能是他个人的财产的一部分，这花去的资本好像实现在他的身上，又固着在他的身上，这一点，对他所属的社会来说也是一样。和让劳动变得便利的机器和工具一样，工人提高的熟练程度可看作社会上的固定资本。尽管学习的时候要花一笔费用，但这种费用除了可以得到报偿，还可以得到利润。

第三部分是通过流通和易主的方式提供收入的流动资本。它由四项内容构成。

第一，货币。其他三项要借助货币的支持，才能经过流通传送到真正的消费者手中。

第二，屠户、牧畜商、农场主、谷商、酿酒商等人所有的食品，通过销售过程使这些人获得利润。

第三，还在耕作者、制造者、布商、木材商、木匠、瓦匠等人手中的衣服、家具、房屋三者的材料。不管这些材料是否是纯粹的原料或半加工的材料，只要未曾制成衣服、家具或房屋，它们即属于这项。

第四，已经制成但仍在制造者或商人手中、尚未通过销售转入消费者手中的物品。这包括锻冶店、木器店、金店、宝石店、瓷器店以及其他各种店铺柜台上陈列着的制成品。这样，流动资本就包含各种商家手里的食品、材料、制成品及货币。食品、材料、制成品的流转和分配一定要通过货币，否则就不能到达最终的使用者或者消

费者。

以上四项流动资本中，如涉及食品、材料、制成品，则此项流动资本一般在一年左右的时间内，或者变成固定资本，或者变成用来直接消费的资财。

固定资本都来自流动资本，并且不断地得到流动资本的补充，而流动资本提供了营业上所有有用的设备。流动资本提供建造机器的材料，提供维持建造机器的工人的费用。机器制成以后，总是必须由流动资本来修理。没有流动资本，固定资本不能提供任何收入。工作所用的材料和工人生存所依靠的食物都出自流动资本。用处再大的设备，也要依靠流动资本的帮助，才能生产出有用的东西。土地的任何形式的改良，都必须有流动资本参与。维持从事耕作和收获的工人也必须有流动资本。

固定资本和流动资本具有同样和唯一的目的：要让人民不但不缺乏消费所需的资财，而且这种资财还要能够增加。人民的衣食居住都有赖于这种资财，人民的贫富也取决于这两种资本所能提供的资财是丰裕还是匮乏。

大部分的流动资本被调动起来，以便补足被社会直接消费掉的资财，并且补充社会的固定资本。这样流动资本也必须得到不断的补充，以免这种资本被耗尽。这种补充可以从三个主要来源得到，即土地产物、矿山产物、渔业产物。这三个资源不断向流动资本提供食物和原材料的补充，其中有一部分通过加工制成完成品。此外，金属货币从矿山得到补充。虽然在一般情况下，货币在使用中几乎没有损耗，因此不必动用流动资本以补充其损耗，但是在输往外国的过程中可能发生少量的磨损，因此少量的补充仍是必要的。

土地、矿山和渔业都需要用自己的产品偿还投资所用的资本，此外，还必须将利润带给投资者，同时清偿应当返还社会的所有其他各项资本及其利润，因此这几项事业的运营中都需要有固定资本和流动资本的参与。制造业者每年消费的食品和材料由农民每年提供补充，农民每年消费的工业品由制造业者每年为之补充。这两个阶级虽很少以制造品和农产品直接交换，但他们之间年年进行交换的实际情况就是如此。我们知道，农民生产谷物、牲畜、亚麻、羊毛，他同时需要衣服、家具、工具。买谷物、牲畜、亚麻、羊毛的人与卖衣服、家具、工具的人往往不是同一种人。所以农民用货币作为中介，先将自家的土地产品易手，然后他就可以自由地选购自己所需要的工业制造品。土地中的产物对于渔业和矿业的经营也能提供资本方面的补充。

在同等的自然生产力情况下，土地、矿山和渔场的生产量都和投资数量的大小与资金用法的好坏成比例。在资本数量和投资方法又相同的情况下，产量便和它们的自然生产力的大小成比例。

在一切生活比较安定的国家里，有常识的人无不愿用可供他使用的资财来求得直接享乐或寻求未来利润。用作寻求直接享乐的是留供直接消费的资财。如果要将这资本用来寻求将来的利润，则方法无非是把资财留在手中，作为固定资本，或是用作投资，作为流动资本。如果生命财产无虞，任何心智健全的人都会把自己所能够支配的一切资财(无论自有的还是借用他人的)投入其中某一项用途中去。

可是如果情况相反，国家是专制的国家，人民是暴君的臣民，那么为了保护自己的财产不受暴君的掠夺，人民自然会选择将大部分的资财妥善藏匿，一旦情况有变，他们可以抢在灾难未降临之前，把财物运到别处。据说这种事情在亚洲一些国家经常发生。在封建暴虐时代，我国似乎也是如此。当时，发掘的宝物被视为欧洲各大国君主的一项大宗收入。凡埋藏地下、无从证明所属的物品一律为国王所有，非得国王钦准，这些物品既不属于发现者也不属于地主。这些宝藏在当时极受重视，金银矿产的地位也不过如此。除非有明确的法令授予这种权利，则金银之类的矿产不能依照一般土地所有权的规定加以采掘。像铅、铜、锡、煤一类的矿山产业也属于这种情况，只是因为它们相对不那么重要，所以政府在这些东西上面，对民间的采掘也就听之任之。

第二章

# 论资本积累，或论生产性劳动与非生产性劳动

有一种劳动，投在劳动对象上能增加它的价值；另一种劳动却没有这种效果。前者由于可以生产价值，可称为生产性劳动；后者可称为非生产性劳动。制造业工人的劳动一般会把维持他自身生活所需之价值与产生雇主利润的价值加到其加工的原料的价值之上；反之，仆人们的劳动则不能增加什么价值。制造业工人的工资虽由雇主付给，但事实上并没让雇主花费什么，因为制造业工人把劳动加于劳动对象之上，劳动对象的价值就增加了，于是就偿还了工资的价值，并产生了利润。仆人的维持费却是不能收回的。雇用许多工人是致富的方法，维持许多仆人却会致贫。但仆人的劳动也有它本身的价值，也像制造工人的劳动一样应当得到报酬。不过制造业工人的劳动可以固定，并且体现在某种劳动对象或可卖商品上，能够持续一些时候而不是立刻消失。这仿佛是把一部分劳动贮存起来，在必要时再拿出来使用。而那个劳动对象或它的价值——二者是一回事——在必要时可以推动的劳动数量就等于最初生产它的劳动量。反之，仆人的劳动却不固定

也不实现在劳动对象或可卖商品上，在劳动之后会立刻消失无踪。要把它的价值保存起来供日后雇用等量劳动者之用，是很困难的。

社会上等阶层的某些人士的劳动也和仆人的劳动一样不产生任何价值，不固定或体现在任何永久性的劳动对象或可贩卖商品上，也不能保藏起来供日后雇用等量劳动之用。例如，君主及其官吏，以及所有的海陆军就都是非生产性劳动者，他们是公仆，其生计由他人劳动年产物的一部分来维持。他们的职务，无论是怎样高贵、怎样有用和必要，也只是随生即灭，不能留到日后来获得等量的服务。他们治理国事，捍卫国家，功劳当然不小，但今年的功劳买不到明年的功劳，今年的安全也买不到明年的安全。这一类中还必须列入某种最庄严、最重要的职业，以及某些最不重要的职业。前者如牧师、律师、医师、文人；后者如演员、歌手、舞蹈家。即使是最低级的劳动也有若干价值，受到支配所有其他各种劳动的同一原则的支配。但这一类劳动中，就连最高尚最有用的劳动也不能生产什么东西，可以供日后购买等量劳动。像演员的对白、雄辩家的演说、音乐家的歌唱之类的劳动都是在生产之后随即消灭无迹的。

生产性劳动者和非生产性劳动者以及根本不劳动者同样依赖土地和劳动的年产品。这年产品不管数量多么巨大，也总有一定的限度。因此用以维持非生产性人手的部分愈大，用以维持生产性人手的部分必然愈小，从而次年生产物也必愈少。反之用以维持非生产性人手的部分愈小，用以维持生产性人手的部分必愈大，从而次年生产物也必愈多。除了土地上天然生产的物品，一切年产物都是生产性劳动的结果。

虽然一国土地和劳动的全部年产物都是用来供给国内居民消费的，以及给国内居民提供收入的，但是当它出自土地或生产性劳动者之手时，它就自然分成两个部分：一部分，常常是最大的一部分首先用来补偿资本，或更新从资本中取出来的食物、原料和制成品；另一部分，则或以利润形式成为资本所有者的收入，或以地租形式成为地主的收入。就土地生产物而言，一部分是用来补偿农场主的资本，另一部分用来支付利润，从而构成农场主的资本利润和某些其他人的土地地租。一家大工厂的生产物也同样分成两部分，一部分(往往是最大的一部分)用以偿还经营者的资本，另一部分则支付利润，构成资本所有者的收入。

用来补偿资本的那一部分年产品，从来就没有立即用以维持非生产性劳动者，而是用以维持生产性劳动者。至于一开始即指定作为利润或地租收入的部分，则可能用来维持生产性劳动者，也可能用来维持非生产性劳动者。

一个人把一部分资财当作资本，就无不希望收回这资本并赚取利润。因此他只用它来维持生产性劳动者。这部分资本首先对其所有者发挥了资本的作用，然后又构成生产性劳动者的收入。每当他用一部分资财来维持任何一种非生产性劳动者，从这一时刻起，这一部分就从他的资本中提取出来供直接消费。

非生产性劳动

者和不劳动者全都要依赖收入。这里的收入可分为两项：第一，一部分年产物中一开始即被指定为某些人的地租收入或利润收入；第二，在年产物中又有一部分原是用来补偿资本和雇用生产性劳动者的，但是到了他们手中之后，超过必要的生产资料的那一部分，可以不加区别地用来维持生产性的劳动者和非生产性的劳动者。不仅是大地主和富商，就连普通工人，在工资高的情况下也会雇上个仆人，或是偶尔看场话剧或木偶戏。这样他就拿一部分收入来维持非生产性劳动者了。而且，他也会纳一些税，从而用于维持另一部分人，这些人虽然尊贵得多，但同样是不生产的。不过按照常情，原想用来补偿资本的那部分年产物，在其完成推动生产性劳动的作用以前，决不会用来维持非生产性劳动者。工人必须先通过做工去赚得自己的工资，然后才能雇用一部分非生产性劳动者。而且那部分工资往往只是他节省下来的有限收入，就生产性劳动者的情况来说，无论怎样也节省不了许多，虽然他们总有少量储蓄。就纳税阶层来说，这一阶级的人数较多，在某种程度上可以补偿各人纳税数量的微小。无论在什么地方，土地的地租和资本的利润都是非生产性劳动者生活的主要生活来源。这二种收入最容易节省，它们的所有者可以用它来雇用生产者，也同样可以用来养活不事生产者。但是大体上，他们似乎特别喜欢用在后一方面。大领主的支出通常更多地用于供养游手好闲之人，而非供养勤劳之士。富商的资本虽只用来雇用勤劳之人，但像大领主一样，他的收入也往往用来供养非生产性的人们。

我们说过，由土地和生产性劳动者生产出来的年产物一生产出来，就有一部分指定作为补偿资本的基金，还有一部分作为地租或利润的收入。我们如今又知道，无论在哪个国家，生产性劳动者与非生产性劳动者的比例在很大程度上就取决于这两部分的比例。而且，这一比例在穷国和富国又极不相同。

如今在欧洲最富裕的国家，最大部分的土地生产物往往用来补偿独立富农的资本，其余则用以支付他的利润与地主的地租。在从前封建政府林立之时，年产物的极小部分已经足够补偿耕作的资本。那时候耕作所需的资本一般不过几头老牛疲马，它们以荒地上的天然产物为食，因此也可被看作天然产物的一部分。这些牲畜一般属于地主，地主把它们借给土地耕作者。土地的其余产物或作为土地的地租，或作为这一资本的利润，当然也归地主所有。耕者大都是地主的隶农，他们的身家同样都是地主的财产。不是隶农的耕者是地主可以随意令其退租的佃户，虽然他们缴纳的地租名义上常常不过是免役租，实际上却是土地的全部生产物。领主可以随时要求他们在平时劳动，在战时去服兵役。他们虽然住得离地主较远，地位却与仆人无异。他们都须听地主支配，他们劳动的产物当然全部属于地主。现在欧洲情况大不同了。在全部土地生产物中，地租所占的比例很少超过1/3，有时还不到1/4。但从数量上来说，改良的土地的地租大多已经增加到以往的3倍或4倍；即现今在年生产物中的1/3或1/4就相当于过去的3倍或4倍之多。在农业日益进步的时代，地租就数量说是增加了，但就对土地生产物的比例来说则是逐渐减少了。

就欧洲各富国说，现今大量的资本都投在商业和制造业上。古代商业很少，制造业简陋，所需的资本也极少，可这些资本一定提供了极大的利润。古时利息率很少低于10%，他们的利润必定足够支付这么大的利息。现在欧洲各进步国家的利息率很少超过6%；在某些最进步的国家，利息率有时甚至低至4%、3%甚或2%。富国居民从资本利润得来的那一部分收入总是要比在穷国大得多，然而就利润与资本的比例而言，这收入就通常少得多了。

与贫国比较，富国用来补偿资本的那部分土地和劳动的年产物当然要大得多，同直接构成收入即归作地租和利润的部分相比的比例也大得多。与贫国比较，富国雇用生产性劳动者的基金也当然要大得多，但是也不仅如此。我们说过，一国的年产品除了一部分用作基金以启用生产性劳动，其余部分则说不定是用来雇用生产性还是非生产性劳动了，但通常是用在后者上。与贫国比较，富国启用生产性劳动的资金在年产品中的比例也要大得多。

这两种不同基金之间的比例，必然决定一国人民的一般性格是勤劳还是懒惰。和二三百年前比较，我们用来维持勤劳人民的基金要比用来维持懒惰人民的基金大得多，因此我们比我们的祖先更勤劳。因为没受到勤劳的充分奖励，我们的祖先就很懒惰。俗话说，劳而无功，不如戏而无益。在资本决定一切的工商业城市，下层居民大多是勤劳、认真，其生计也是比较兴旺的。荷兰的大城市便是很好的例证。在主要依靠君主或临时驻节来维持的都市，人民的生计主要依赖国家收入的开支来维持，他们多懒惰、堕落而且贫穷。罗马、凡尔赛、贡比涅、枫丹白露是很好的例证。除了里昂、波尔多两市，法国其他议会城市的工商业都不值一说。一般下层人民的生计依靠法院人员和来法院打官司的人的支出来维持，因此他们大多懒惰贫穷。里昂、波尔多两市则因地势关系，商业颇为发达。无论物品是由外国输入或由沿海各地运来，里昂必然是巴黎所需物品的集散地，波尔多则为加龙河流域所产葡萄酒的集散地，这些地方是世界闻名的产酒地，出口量很大。地势如此有利，当然会吸引大量资本，而这正是这两个城市人民勤劳的原因。在其他法国城市，人们投下资本只为维持本市的消费，换言之投下的资本数量决不能超过本市所能使用的限度。巴黎、马德里、维也纳的情形也都是如此。在这三个城市中，巴黎居民要算最勤劳的，但巴黎就是本市制造品的主要销售市场；巴黎本城的消费者就是一切营业的主要对象。欧洲只有伦敦、里斯本和哥本哈根这三个城市既为宫廷所在地，又可视为工商要地；既为本市消费而营业，又为外地及外国消费而营业。这三个城市所处的位置都适合作为大部分远方消费物品的集散地点，都很有利。但在一个花费大量国家收入的城市，除了把资本用于供应本地的消费外，就有利地使用资本这一点而言，并不像在下层人民生计专靠运用资本来维持的工商大城市那么容易。靠花费国家收入来维持生活的大部分人们游手好闲惯了，一些应该勤勉做事的人也不免受到侵蚀。所以在这地方使用资本自然比在其他地方不利。英格兰和苏格兰未联合之前，爱丁堡的工商业很不发达。后来苏格兰议会迁移了，有些王公贵族不住在那里，那里才稍稍有了一些工商业。但苏格兰的大法院、税务机关等未曾迁移，所以仍花费了不少国家收入。因此就工商业说，爱丁堡不及格拉斯哥，因为后者居民的生计大都依靠资本的运用。有时我们也看到，在制造业方面很有进展的大村镇居民，往往由于大领主定居于此而变得懒惰和贫困。

无论在什么地方，资本与收入的比例似乎都支配勤劳之人与懒惰者的比例。资本占优势的地方人多勤劳，收入占优势的地方人多懒惰。因此，资本的每一次增加或者减少，自然会使实际劳动数量、生产性劳动者的人数增加或者减少，从而使一国土地和劳动年产物的交换价值增加或者减少，一国人民的真实财富与收入也随之增加或者减少。

资本由于节俭而增加，由于奢侈与行为不当而减少。一个人节省了多少收入就增加了多少资本。他可以用这个增多的资本来雇用更多的生产性劳动者，也可以有利息地借给别人，使其能雇用更多的生产性劳动者。个人的资本既然只能由节省每年收入或每年利益而增加，由个人构成的社会的资本也就只能由这同一个方法增加。

资本增加的直接原因是节俭而非勤劳。诚然，勤劳提供了节俭可以积累的东西。但是不管勤劳能得到什么，如果没有节俭，就会有所得而无保留，资本就绝无可能增加。

节俭增加了维持生产性劳动者的基金，从而增加了生产性劳动者的人数。所以节俭又会倾向于增加一国土地和劳动的年产物的交换价值。节俭推动了更大的劳动量，而后者又可以增加年产物的价值。

每年节省下来的东西经常被消费掉，而且几乎是同时被消费掉。富人每年花费的收入大多被懒惰的客人和仆人消费掉了，消费完了也没有什么报偿留下。至于每年节省下来为了博取利润而直接转化为资本的部分，也几乎同时被人消费掉，但消费的人是劳动者、制造工人与技工，他们再生产他们每年消费掉的价值，并提供利润。现在假定他的收入都是货币，如果他把它全部花掉，用全部收入购买食品、衣服和住所，就是分配给前一种人。如果节省的一部分因为图利而直接转作资本，资本所有者亲自投用，或借给别人投用，那么由这节省部分购得的食品、衣料和住所就将分配给后一种人。消费一样，但消费者却不同。

节俭者每年所省的收入不但可在近期内供养若干更多的生产性劳动者，他还好像工厂的创办人一样建立了一种永久性基金，将来随便什么时候都可维持同样多的生产性劳动者。这种基金如何分派？将用到什么地方？关于这些统统没有法律予以保障，也没有信托契约或永远营业证书加以规定，不过它总是受到一个强大原理的保障：所有者清楚明白的个人利益。它的任何部分都必须而且只能用于维持生产性劳动者，而滥用该基金者必将遭到明显的损失。

奢侈者不量入为出，结果侵蚀了资本。就像一个把某种敬神基金的收入转做渎神之用的人一样，他用父辈节省下来用来供养勤劳者的基金拿来豢养许多游手好闲之人。由于雇用生产性劳动者的基金减少了，所雇用的能增加物品价值的劳动者必然减少。全国的土地和劳动的年生产物的价值因此减少，全国居民的真实财富和收入也必然减少。奢侈者夺取勤劳者的面包来豢养懒惰者。如果另一部分人的节俭不足抵偿这一部分人的奢侈，奢侈者之所为就不但会陷他自身于贫穷，也将陷全国于穷困之中。

纵使奢侈者的支出全是国产商品而并非外国货，它对社会的生产基金的影响也是一样。每年总有一定数量的本来应该用来维持生产性劳动者的食品和衣服，用在了维持非生产性劳动者身上。因此，每年一国生产品的价值仍然不免少于所应有的价值。

有人认为，这种花费并未用来购买外国货，没有造成金银币的输出，同量的货币仍然会像从前一样留在本国。但是如果这样由非生产性劳动者消费的食物和衣服总量被分配给生产性劳动者，他们就不仅可以再生产出他们消费掉的全部价值，此外还有利润。在这种情况下，同量的货币同样会留在国内，另外还有同等价值的消费品的再生产。这样最终就会有两个价值，而不是一个。

此外，在一个年产物减少的国家，同量的货币不可能长久地留在国内。货币的唯一用途，就是使消费品流通。通过它，食品、原料与制成品才可实行买卖，分配给正当的消费者。因此，每年能在任何一国使用的货币数量，一定是由每年在该国流通的消费品的价值决定的。这些消费品或是本国土地和劳动的直接产物，或是用本国生产物购来的物品。因此，当这种直接产物的价值减少时，每年在国内流通的消费品的价值也必将减少，用来使之流通的货币数量也就减少。货币因生产物逐年减少而被逐出国内流通领域，但决不会闲置。出于个人利益，货币所有者决不愿自己的货币放着不用。国内没有用途，他就会不顾法律禁令而送往外国，用来购买国内有用的各种消费物品。每年的货币输出将在一定期间内继续，使国内人民每年的消费额超过他们本国年产物的价值。国家在繁荣时代从年产物中储存的用来购买金银的东西，会有助于在短时期内支持这种逆境中的消费。但此时金银输出不是国家衰落的原因，而是它的结果。实际上，这种输出甚至可以暂时减轻这种衰落的痛苦。

反之，一国年产物的价值增加时，货币量也自然增加。每年在国内流通的消费品价值增加了，要求用来使之流通的货币数量也就大一些。因此有一部分增加的生产物必定被用来在有金银的地方购买额外数量的金银，以供流通之用。贵重金属的增加只是社会繁荣的结果，而不是其原因。购买金银的方式到处都一样，从矿山掘出再运到市集上总需要一定数量的劳动和资本。为这事业而投资的人必须需要一定数量的关于衣、食、住的供给，除此之外他必须得到一定数量的收入，这即是购买金银的价格。在英格兰和在秘鲁购买金银都是这样。只要出得起这个价格，需要金银的国家就不会担心长久缺乏所需的金银，不需要的金银量也不会长久留在国内。

明白合理的观点认为，构成一国真实财富与收入的是一国劳动和土地的年产物的价值，而通俗的看法则认为，构成一国真实财富与收入的是国内的贵重金属量。不过，所有观点都认为，奢侈是公众的敌人，节俭是社会的恩人。

我们现在讨论行为不当。行为不当的结果和奢侈相同。对于雇用生产性劳动者的基金来说，农业、矿业、渔业、商业以及工业上一切不谨慎、无成功希望的计划都同样会使之减少。当然投在这种计划上的资本也只能由生产性劳动者消费，但由于使用者的不适当，他们消费的价值就不能充分得到再生产，与使用适当的情况比较，总不免减少社会生产基金。

幸而对大国来说，个人的奢侈与行为不当不能有多大影响，因为另一部分人的俭朴或慎重总能够抵消这一部分人的行为结果而仍有余。

就奢侈而言，一个人浪费，当然因为他有追求及时享乐的欲望。这种欲望之热烈有时简直难于抑制，但一般说来又总是暂时的和偶然的。然而一个人节俭的动力则是改善自身状况的愿望，这愿望虽是冷静的、沉着的，却是我们从生至死从没一刻放弃过的愿望。我们一生到死，对于自身地位，几乎没有一个人会有一刻觉得完全满意，因而不求进步、不想改善。一般人觉得，增加财产是最通俗、最明显的必要手段。而增加财产的最适当方法就是在常年的收入或特殊的收入中节省一部分加以积蓄。虽然每个人都不免有时有浪费的欲望，并且有一种人无时不有这种欲望，但就大多数人的一生平均来看，节俭的心理不仅常占优势，而且大占优势。

就行为不当而言，无论哪里，慎重和成功的事业总占极多数，不慎重、不成功的事业总占极少数。我们常常抱怨破产事件的发生，但在无数经营商业的人中，失败的总是全数中的极小部分，也许不到千分之一。对于一个清白的人，破产也许是最大和最难堪的灾祸，大多数人都着意避免之。当然也有人不知道避免它，就像有人不知道避开绞刑架一样。

大国固然不会因私人奢侈或行为不当而贫穷，但政府的浪费与行为不当却可使国家穷困。许多国家全部或几乎全部的公共收入是用来维持不生产者。朝廷上的王公大臣、教会中的牧师神父就是这类人。海军亦然，这些人自己不事生产，不得不赖别人劳动的产物。如果他们人数增加过多，他们可能在某一年消费掉的物过多，以致反无足够余量来维在次年有所再生产的资本。于是

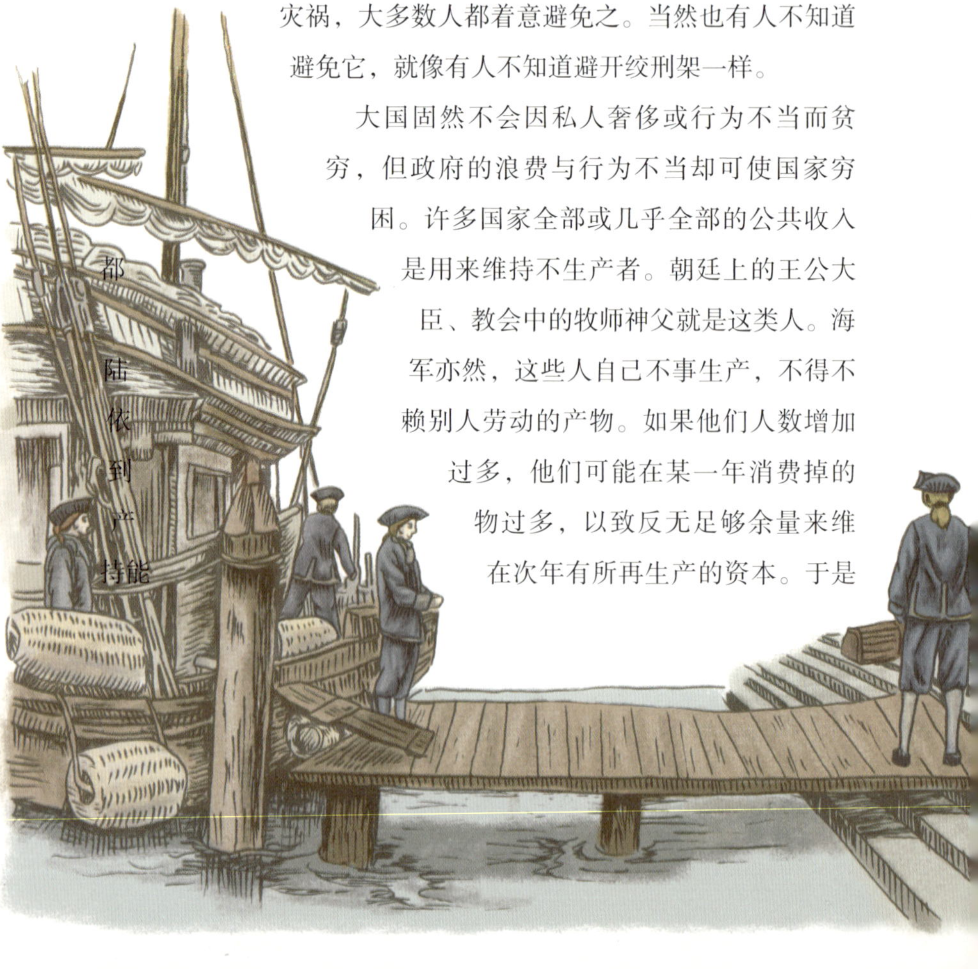

下一年的再生产一定不及上一年。如果这种混乱情形继续下去，第三年的再生产又一定不及第二年。那些只应拿人民的一部分剩余收入来维持的不生产者可能消费了人民全部收入的这样大的部分，从而使这么多人民不得不动用他们的资本——即用来维持生产性劳动的基金——来维持自己的消费，以致个人不论如何节俭慎重，也照样无法补偿如此巨大的浪费。

然而，就经验来看，在大多数情况下个人的节俭和慎重似乎不仅可以补偿个人的奢侈和行为不当，而且可以补偿政府的浪费。每个人改善自身境况的连续不断的长期努力是社会财富、国民财富以及私人财富所赖以产生的重大因素。这不断的努力，常常强大得足以战胜政府的浪费，足以挽救行政的大错，使事情日趋改善。这就像人间虽有各种疾病和庸医的荒唐处方，人身上却仿佛总是有一种莫名其妙的力量，可以战胜困难，恢复原来的健康和精力。

增加一国土地和劳动的年产物的价值有两种方式：或者增加生产性劳动者的数目，或者提高受雇劳动者的生产力。要增加生产性劳动者的数目，必先增加资本，增加维持生产性劳动者的基金。要增加同数受雇劳动者的生产力，唯有增加那便利劳动，缩减劳动的机械和工具，或者把它们改良。不然就要使工作的分配更为适当，但无论怎样都要有更多的资本。要改良机器，少不了增加资本；要改良工作的分配，也少不了增加资本。把工作分成许多部分，使每个工人一直专做一种工作，比由一个人兼任各种工作，定须增加不少资本。我们如果比较同一国之不同时

代，如果发现那里的土地和劳动的年产物后代比前代更多了，其土地耕作状况进步了，工业扩大了、繁盛了，商业推广了，我们就可断言，这国的资本在这两个时代之间必定增加了不少，一部分人民的节俭和慎重所增加于资本的数额，一定是多于另一部分人民的行为不当和政府的浪费所侵蚀了的资本的数额。不过我们会发现，在所有安宁和平的年代，所有国家情况都是如此，即使政府并不节俭慎重。要正确判定这种进步，我们不应比较两个相距太近的时代。进步并非显而易见。如果时代太近，改良就不显眼了。而且，由于某种产业的凋零或某一地方的衰落，即使国家已经普遍改良了，我们往往也会怀疑全国的财富与产业都在退步。

较之100年前查理二世复辟时代，现在英格兰土地和劳动的年产物当然是多得多了。现在对此表示怀疑的人固然不多，但在这100年时间内，几乎每隔五年即有几本书或小册子出现，它们说英格兰的国家财富正在锐减，人口减少，农业退步，工业凋零，贸易衰落。这类书籍并不全是党派的宣传品，也不是欺诈和见利忘义的产物。它们有许多出自极诚实、极聪明的学者之手，他们只写自己相信之事，只因为深信才会下笔。

此外，查理二世复辟时代英格兰土地和劳动的年产物，比200年前伊丽莎白即位时必定多得多了，和300年前约克与兰克斯特争胜时代末期比较，伊丽莎白时代英格兰的年产物必又多得多了。再往上溯，约克家族与兰克斯特家族争雄时代当然胜于诺曼征服的时代，而诺曼征服的时代又胜于撒克逊七国混乱时代。这时的英格兰当然不能说是一个先进的国家，但与尤利乌斯·恺撒侵略时代比较已算是很大的进步，因为那时英格兰居民的状况几乎等同于北美野蛮人。

在这各个时期中，私人和政府都有很多浪费，而且发生了多次所费甚巨的无谓战争，用来维持生产者的年产物许多被用来维持不生产者。我们可以假定，有时在一片混乱的国家里，这种对资本的破坏不仅妨碍财富的自然蓄积(实际上也的确是如此)，而且使国家在这时期之末陷于比起初更为贫困的境地。查理二世复辟以后的英格兰算是最幸福最富裕的了，但那时又有多少骚乱和不幸事件发生啊。如果可以预见到，那时的人们一定会担心英格兰不仅要陷于贫困，而且恐怕要全部毁灭。想想看，伦敦大火与大疫，两次英荷战争，对爱尔兰的战争，1688年、1702年、1742年和 1756年四次对法耗费巨大的大战，再有1715年和1745年两次叛乱。单就四次英法大战的结果来说，英格兰欠下来的债务就在1.45亿英镑以上；加上战争所引起的各种特殊支出，总共恐怕不下2亿英镑。自革命以来，我国年产物就常有这样大的部分用来维持非常多的不生产者。假使当时没有战争，当作那些费用的大部分资本就会用来雇用生产性劳动者。如果生产性劳动者既能再生产他们消费的全部价值又能提供利润，我国土地和劳动的年产物的价值每年的增加就可以想见了，更何况每一年的增加又必能使下一年的增加更为增长。如果没有战争，当时建造起来的房屋一定更多，改良的土地一定更广大，已改良土地的耕作一定更加完善，制造业一定增多，已有的制造业将更为扩大。至于国民真实财富与收入将会达到怎样的程度，也许会超出我们的想象。

政府的浪费虽无疑阻碍了英格兰在财富与改良方面的自然发展，但也并未使它停止发展。与复辟时代比较，现在英格兰土地和劳动的年生产物是多得多了，比革命时代也是多得多。英格兰每年用以耕作土地维持农业劳动的资本也一定比过去多得多了。一方面虽有政府的横征暴敛，另一方面却也有无数个人在那里努力改善自己的处境，慎重地不动声色地节俭，一步一步地把资本累积起来。正是这种努力在法律的保障和自由许可之下通过最有利的方式发展起来，使英格兰几乎在过去一切时代都能日趋富裕和进步，我们希望在未来时代也会如此。可是，英格兰从来没有过很节俭的政府，因此居民也没有节俭的特性。由此可见，英格兰的王公大臣们倡言监督私人经济，要通过节俭法令或禁止外国奢侈品输入来限制他们的开支，实在是最放肆最专横之举。他们不知道自己从来就都是社会最大的败家子。请他们好好注意自己的开支吧，他们大可放心，私人会注意他自己的开支的。如果他们的浪费不会使国家灭亡，人民的浪费也绝对不会。

节俭增加社会资本，浪费减少社会资本，而花费等于收入的人，即不蓄积资本也不蚕食资本的人的行为既不增加资本，也不减少资本。不过，在各种花费方法中，有些方法比其他方式更加有助于公共财富的增长。

个人的收入可以用来购买即时消费掉的、无法减轻或支持另一天开支的东西，也可以用来购买比较耐久、可以蓄积、每天的支出可以减轻或支持下一天支出的东西。有些富翁可以将其收入用于奢华挥霍的宴席、养着大量的仆从或犬马，也可以满足于粗茶淡饭和少量仆从，而将大部分开支用于其住宅与乡间别墅，用于实用或装饰性的建筑与家具，用于收藏书画雕塑，或用于珠宝、玩具、各种奇妙的小玩意儿等琐碎之物。还有人喜欢聚积衣物，就如数年前逝世的某国王的宠臣那样。如果两人财产相当，一个人用其大部分收入来购买比较耐久的商品，另一个则用其大部分收入购买即用的消费品。前者境况必能日渐改进，其今日的费用多少可以增进明日费用的效果。后者的境况却不会比原先更好。前者最后将会比后者更富，因为他有若干货物留存，虽然其价值已经比不上当时花费，但多少总有价值；而后者的花费就连痕迹也没留下来，10年或20年浪费的结果就是两手空空，好像什么都不曾存在一般。

对个人财富有益的消费方式也对国民财富有益。富人的房屋、家具、衣服转瞬即可变成对下层人民和中等人民有用之物。在上等阶级玩厌了的时候，中下阶级的人民可以把它们买来，所以在富人一般是这样使用钱财的时候，全体人民的一般生活状况也就逐渐得到改进。在一个富裕已久的国家，下层人民往往占有大厦，使用上等家具，可是他们不可能自己出资建造大厦，也不能自己定制上等家具。往日西摩家族邸宅，现今已经成为巴斯道上的旅店；而詹姆士一世的婚床，几年前已经陈列在敦弗林的酒店变成装饰品，虽然那是皇后从丹麦带来的嫁妆、邻国通婚的礼物。在有些无进步也无退步，或已稍稍没落的古城，我们有时可发现，几乎没有一所房屋是为如今住家而建的。如果你进里面去，还可见到许多陈旧却仍然精美适用的家具，它们也绝不可能是专为他们定制的。王宫别墅、书籍图画，以及各种珍奇物品，常常不仅是当地而且是所在国家的光荣与装饰。凡尔赛宫是法兰西的装饰和光荣，斯托威和威尔登则是英格兰的。意大利仍然以拥有这种纪念物的数量而受人尊敬，尽管创造它们的财富已经凋敝，设计它们的天才似乎也已湮没无存(也许因为没有用处)。

把收入花费在比较耐久的物品上不仅较有利于积蓄，而且有利于节俭。如果一个人在这方面花费得过多，他很容易改正，而不致遭受社会讥评。如果突然大大减少仆从，饮食由铺张改为节约，拆除原来的艳丽陈设，这样的变化不免为邻人共见，无异于承认自己往昔的劣行。除非由于破产与毁灭所迫，像这样花费的人很少有勇气改变习惯。如果他在任何时间发现自己在添置房屋、家具、书籍或图画方面开销过大而改弦易辙，别人也不会说他过去不够审慎。因为这类物品开支以后就无须再行购置。在别人看来，他改变习性似乎并不是财力不济，而是已经兴味索然。

一般说来，花在耐用商品上的钱要比用在奢侈招待上的钱财维持更多人的花费。有时一次晚宴就可能耗费二三百镑食物，可能其中的一半都要倒进垃圾堆，成为巨大的浪费。但如果用这宴会的花费来雇用泥水匠、木工、装饰工与机械师等人，这钱就会在更多人之中分配，工人们将一便士一便士、一镑一镑地购买食物，一点也不会浪费。此外，一种花费用以维持生产者，它能增加一国土地和劳动的年产物的交换价值；另一种花费则用以维持不生产者，就不能增加一国土地和劳动的年产物的交换价值。

但是，读者不要以为，将开支用于耐用品就是良好行为，而用于待客就是恶劣之举。一个富人把他的收入主要用于款待宾客时，他即是在同其友伴分享其大部分财富；但是当他用这财富来购买耐用商品之时，他就是将其用于一身，不会将其无代价地给予他人。因此，后一种的花费，特别是用于购珠宝、衣饰等琐细东西的花费，就常常表现出一种卑微的自私性格。我上面的意思不过是说，花费于耐久物品可以有助于有价值商品的蓄积，所以也能鼓励私人的节俭习惯，也就比较有利于社会资本的增长。由于它所维持的是生产者而非不生产者，所以也就更加有利于国民财富的增长。

第三章

# 论资本的各种用途

所有的资本都是用以支持生产性劳动的，但等量资本所能推动的生产性劳动量，从而对一国土地和劳动的年产品所能增加的价值，也按照资本的用途而大大不同。

资本有四种不同用途。第一，用以生产或获取社会上每年所须使用和消费的天然产品；第二，用以制造和加工这些天然产品，以应付使用和消费；第三，用以将天然产品或者制造品从有余的地区运往缺乏这类产品的地区；第四，将一定部分的天然产品或者制造品分割成为较小的部分，以便适应需求者的临时需要。第一种用法是经营农业、矿业、渔业的人的用法；第二种用法是制造业主的用法；第三种用法是批发商人的用法，第四种用法是零售商人的用法。很难设想，还有什么用法不能归入这四种用法之中。

这四种方法关系密切，缺一种则其他三种不能独存或扩大，对于社会普通福利来说，它们也是缺一不可的。

若没有资本所提供的相当丰富的天然产品，任何制造业和商业恐怕都不能存在。

天然产品中有一部分往往要加工制造后才适于使用或消费。假设没有资本投入制造业中对它进行加工，这一部分的产品永远没有被生产出来的机会，因为没有人需要它。如果它是天然生长的，不经过制造也就不会有任何价值，不能增加社会财富。

天然产品及制造品富饶的地方需要资本，以将物品从数量有余的地方运往缺乏的地方。假设没有这种投在运输业中的资本，这种运输便不可能，于是它们的生产量便不能超过本地消费的需要。批发商人的资本使一地剩余生产品与另外地方的剩余产品交换，结果是既鼓励了产业，又促进了两地的消费。

零售业也需要资本，以便把大批天然产品和制造品分成小的部分，从而满足需要者的一时所需，否则所有人都要将所需的货物大量购进。如果没有屠户，大家就非一次购买整牛整羊不可。富人必然感觉不便，穷人则大受困苦。贫穷劳动者如果要勉强一次购买一个月或半年的粮食，那他就必须将其资本的很大部分用为资财，以供应目前的消费，这中间一定有一部分原本可以提供收入的部分被迫变得无法提供收入；产业所需的工具、店铺内的家具，都被迫减少。对这种人来说，最方便的办法是在需要生活品的时候，能够在那一天甚至在那一小时内购进。这样他可以把差不多所有的资财用作资本，所能提供的工作的价值便得到扩大，而他以此所获的利润，也将足以在抵去零售商的利润对货物价格所增加的数目以后而仍有剩余。有些政论家对商店老板抱有成见，这完全没有道理。零售商增多，相互之间或许互有妨害，却丝毫无损于社会。所以不需要对他们课税，也不必限制他们的人数。例如某一城市及其邻近地带对于杂货的需求限制着该市所能售出的杂货量，因此可供投入杂货商业的资本，绝不可能超过足以购买这数量杂货所必需的数额。这种有限的资本，如果分归两个杂货商人经营，这两人间的竞争，会使双方把售价都压到比一个人独营的情况下更低的水平。如果分归20个杂货商人经营，他们间的竞争将更加剧烈，而他们结合起来抬高价格的可能性则更微不足道。他们的竞争也许会使他们中一些人破产，但那是他们自己的事，可以随他们自己处理。因为这不会妨害消费者，也不会妨害生产者。较之商业只掌握在一两个人之手的情形，现在零售商人多了，只好贵买而贱卖。他们中也许有人会诱骗顾客购买自己根本不需要的货物。不过这种害处太小，根本不值得公众注意。限制他们的人数不一定能根治此弊端。最显著的例子就是社会上有饮酒的风尚并非因为市场上有许多售酒的店铺，而是由于其他原因，社会上饮酒成为风习，市场上才出现了许多酒店。

把资本投在这四种用途上的人都是生产性劳动者；如果使用得当，他们的劳动就可以固定而且实现在劳动对象或可卖物品上，至少也可把维持他们自身和被他们自身消费掉的价值加在劳动对象或可卖物品的价格上。农场主、制造业主、批发商人、零售商人的利润，都来自前两者所生产及后两者所售卖的货物的价格。不过，在这四种不同的用途上，等量资本所直接推动的生产性劳动量不相同，对于所属社会土地和劳动的年产品所增加的价值的比例也不相同。

零售商向批发商购货，从而补偿了批发商的资本，并给他带来利润，使批发商得以继续他的事业。零售商的资本雇用了他自己这个唯一的生产性劳动者，其利润就是这项资本的使用在社会的土地和劳动的年产品上所增加的价值。

批发商的资本补偿了他所购买的天然产品和制造品的农场主

和制造业主的资本，这一补偿连同后者的利润，使他们能继续其事业。批发商间接维持社会的生产性劳动，增加社会年产品价值，这是他的主要方法。他的资本同时雇用了运输货物的水手搬运工，资本在这种货物的价格上面所增加的并非仅有批发商自己利润的价值，而且有水手搬运工工资的价值。它所直接雇用的生产性劳动不过如此，对于年产品所直接增加的价值也不过如此。然而它在这两个领域所起到的作用，要比零售商的资本大得多。

制造业主的资本中的一部分被用作固定资本，投入他的产业所需的工具中，以便补偿出卖这些工具的其他制造业主的资本并给他们提供利润。剩下就是流动资本。流动资本中的一部分用来购买材料，这部分补偿供给这些材料的农场主和矿商的资本并给他们提供利润，但是大部分的流动资本是在每年或者更加短得多的时期中分配到他的雇用工人身上。该资本在他所加工的材料上增加的价值，包括雇工的工资、雇主投资支付工资和购买材料工具应得的利润。较之批发商人的同量资本，他的资本所直接推动的生产性劳动量大多了，在社会土地和劳动的年产品所增加的价值也大多了。

以同量的资本所能够推动的生产性劳动的数量而论，农场主的资本最大。他的工人和他的牲畜都是生产性劳动者。在农业中，自然也和人一起劳动。自然的劳动虽无须代价，它的生产品却和最昂贵的工人生产品一样具有价值。农业最重要的作用，与其说是增加大自然的生殖能力(虽然也使这种生殖能力有所增加)，不如说是引导大自然的生殖能力，使其生产出对于人类最为有利的植物。荆棘丛生之地，常常也可以产出大量作物，就像耕作最好的葡萄园或谷田一样。耕耘与其说是增益自然的产出力，不如说是支配自然的生殖能力。人工以外的大部分工作非依靠自然力不可。农业上雇用的工人与牲畜不仅像制造业工人一样，重新生产出他们消费掉的价值(或者说，重新生产出雇用他们的资本)及资本家的利润，而且生产更大的价值。他们除了再生产农场主的资本及利润外，通常还要再生产地主的地租。这种地租可以说成只是地主借给农场主使用的自然力的产品。地租的大小取决于想象中的自然力的大小，或者说取决于想象中的土地的自然产出力或土地的改进产出力的大小。减除一切人的劳作之后，余下是自然的劳作。它在全部生产品中很少占到1/4以下，多数时候占到1/3以上。投入制造业的任何同量的生产性劳动，都不能引发这样巨大的再生产。在制造业中大自然没有作用，全是人的功劳，再生产的大小也必然和起作用的生产因素的力量成比例。所以，和投在制造业上的等量资本相比，投在农业上的资本不仅推动的生产性劳动的量较大，就其所雇用的生产性劳动者的量而言，它对一国土地和劳动的年产品所增加的价值，对国内居民的真实财富与收入所增加的价值还要更大。在能够使用资本的所有方法之中，农业投资对社会最为有利。

任何社会在农业和零售业中使用的资本必定总是留在本社会内部。它们的使用几乎总是局限于某个固定的地方：在农场或是在零售业的商店。它们的所有者大多是本社会的居民，尽管也有例外。

批发商人的资本，却似乎并不固着在某个地方，而且没有必要。它从一处流向另一处，为的只是可以贱买贵卖。

制造业主的资本当然必须留在制造的场所，在何处制造却不一定。它常常会远离原料生产地或者制成品的消费地区。里昂制造业的材料就是从很远的地方运来，里昂的出品也要运到远处才有人消费。西西里的时髦人物的衣料是别国制造的丝绸，造丝绸的原料却又是西西里出产。西班牙的部分羊毛在英格兰加工制造，随后又有一部分毛织物返销西班牙。

在任何社会中，动用资本以出口剩余产品的批发商究竟是本国人还是外国人，这无关紧要。如果是外国人，我国受雇的生产性劳动者人数当然会少一些，但也只少他一个；我国的年产品价值也当然会少一些，但也只少这一个人的利润。至于所雇用的水手、搬运工是不是本国人则与这个商人是否本国人无关，本国人也可以雇用外国的水手、搬运工。无论是外国人或是本国人的资本，都一样能输出国内剩余生产品来交换国内需要的物品，从而使这些剩余生产品具有了价值。它同样使生产这剩余生产品的人的资本得以偿还，使生产这剩余生产品的人的营业得以继续经营下去。批发商的主要贡献在于，它支持本国生产性劳动，并增加本国土地和劳动年产品的价值。

比较重要的是，制造业主的资本应留在国内。这样一来，本国受到推动的生产性劳动量必然比较大，本国土地和劳动的年产品所能增加的价值也必然比较大。不过，即便不留在本国境内，制造业主的资本也能对本国产生效果。英格兰亚麻制造业主年年投资从波罗的海沿岸各地输入亚麻来加工。这种资本虽非产麻国所有，但对产麻国有利这一点也是显而易见。这种亚麻只是产麻国的一部分剩余生产品，假如不是每年输出，用以交换本地所需各种物品，它便没有价值可言，其生产也将立即停止。出口商补偿了生产人的资本，从而鼓励他们继续生产；而大不列颠的制造业主又补偿了出口商的资本，使他们继续从事运输。

如同个人一样，国家也常会资本不足：既想把一切土地改良和耕种起来，又要把全部天然产品加工起来以供直接的消费及使用，还要把剩余的天然产品及制造品运往远方的市场换取国内所需要的物品。大不列颠许多地方的居民，没有足够资本来改良和耕种他们的全部土地。苏格兰南部的羊毛，就大部分因为当地缺乏资本，不得不在崎岖恶劣的道路上长途颠簸，运到约克郡去加工。英格兰有许多小工业城市的人民没有足够资本把产品运到需要它们的远方市场去销售。他们中间纵然有批发商，充其量不过是大商业城市中的大富商的代理人而已。

要是一国的资本不够同时兼顾这三者，则将大部分的资本投入农业时所推动的国内的生产性劳动量将越大，同时它对社会土地和劳动的年产品所增加的价值也越大。其次是投入制造业的资本。而投入出口商业的资本在此三者之中效果最小。

当然，全部资本还不足兼顾上述三者的国家，其富裕实在还没有达到自然所允许的水平。无论对个人还是社会来说，试图以不充足的资本在时机未成熟时兼营这三种事业，都不是取得充足资本的最佳途径。正像一个人的资本有一定的限度一样，国内全体人民的资本也有一定的限度，只够用于某几个方面。要增加个人资本，须从收入内节省而不断积蓄；要增加国民资本，也须从收入内节省而不断积蓄。资本的用途，若能给国内全体居民提供最大的收入，从而使全体居民都能做最大的积蓄，则国民资本就可能飞速地增长。而国内全体居民收入的大小，必取决于国民土地和劳动的年产量的大小。

我国美洲殖民地快速走向富强的主要原因，就是把几乎所有的资本都投入农业。那里除了一些粗糙的家庭手工业以外，几乎没有任何制造业。它们这些家庭工业是随农业发展自然产生的，通常是由家庭中的妇女儿童从事的。出口业和航运业的经营权则主要地掌握在居住在英格兰的投资商手中。有些省份则更甚，尤其是弗吉尼亚和马里兰，那里经营零售生意的店铺和栈房也多为居住在宗主国的商人所有。零售业不由本地商人资本经营的事例很少见，而这就是一个例子。假使美洲人联合起来，或者诉诸别种激进方式，阻止欧洲制造业产品的进口，垄断这一制造业，并将本地大部分资本转投到制造业上来，其结果必然是不但不能促进他们年产品价值的增进，恐怕还会阻碍国家走向真正的富强。如果他们想垄断全部的出口业，恐怕结局更是不堪设想。

确实，人类的繁荣之路似乎从来未曾持久到可以使任何一个大国能够获得足够的资本来兼营以上三种事业，除非我们认为关于中国、古埃及、古印度的富庶和农业情况的那些奇闻逸事并非无稽之谈。这三个国家被一切记载推为世界上最富之国，可它们也只是长于

农业与制造业。他们的对外贸易并不繁盛。古埃及人对海洋有一种迷信的畏惧；印度人也常有这种迷信；中国的对外贸易则向来不发达。这三个国家的大部分剩余生产品都由外国人运到外国去，换回它们所需要的其他东西——往往是金银。

所以，一国等量资本在国内所推动的劳动量的大小，所增加的土地和劳动的年产品价值的大小，全依其投在农业上、工业上、批发商业上的比例大小而不同。同是批发商业，投资结果也将因所经营批发商业的种类不同而差异极大。

凡是批发贸易，或者凡是大量购入从而大量售出的贸易，可以分作三类：国内贸易、消费品的对外贸易和消费品的中间商贸易。国内贸易是从国内某地购入货物，再在国内另一地将其售出，包括内陆贸易和沿海贸易。消费品的对外贸易是购买外国货物以供本国消费。中间商贸易，是从事各外国之间的贸易，即将一个国家的剩余产品运往另一个国家。

投资国内贸易的资本，即购买国内一地产品运往另一地区售卖的资本，每次交易就可以抵偿投在本国农业或制造业上的两种资本，从而就可以使本国的农业和制造业得以继续。如果该资本从商人住地把一定价值的商品运出去，一般会带回同等价值的别种商品。如果两者全是本国产业的产品，结果当然可以抵偿本国两个用来维持生产性劳动的资本，使其能继续用来支持生产性劳动。把苏格兰制造品运到伦敦，再把英格兰谷物或制造品运到爱丁堡来的资本，每一次都无疑可以补偿两个投在英国制造业或农业上的资本。

而用来购买外国商品供本国国内消费的资本，如果是以本国产业的产品来购买，则每次也会补偿两个不同的资本，不过其中只有一个是支持本国产业的。把英格兰货物运至葡萄牙，再把葡萄牙货物运至英格兰的资本，每次只能补偿一个英格兰资本，另一个是葡萄牙的。即使这种贸易能像国内贸易同样迅捷地赚回资本，它能给予本国产业的鼓励也只是一半。

对外贸易很少能像国内贸易那么迅捷地赚回资本。国内贸易一般每年能赚回一次，有时甚至三四次。而对外贸易很少能每年赚回一次，有时要两三年才能收回。因此，投在国内贸易上的资本有时已经运用了12次，即付出而又收回了12次，而投在对外贸易上的资本只能运用一次。于是，若是两个资本相同，前者在给予劳动的鼓励和支持方面就是后者的24倍。

供应本国消费的外国货物，有时并不是用本国产品而是用一些外国货物来购买的。但这种外国货物必然是直接用本国产品，或者是用这种产品换来的货物购买的。除非在战争或征服的情况下，否则除了用本国产品去直接交换，或用本国产品交换两三次得来的货物去交换之外，就无法得到任何货物。和最直接地用于对外贸易的资本比较，这种被如此迂回地投入对外贸易的资本，除去因最后收回之前一定有两到三次对外贸易资本的收回从而耗时较多以外，在任何方面都效果相同。假如商人以英格兰制造品换购弗吉尼亚的烟草，再用弗吉尼亚的烟草换购里加的大麻和亚麻，则必定要在经过两次对外贸易之后，资本才能返到商人手上，再用来购买等量的英格兰制造品。若弗吉尼亚的烟草不是用大不列颠的制造品购买，而是用由不列颠制造品购买的牙买加的糖与甜酒购买，他就必须等待三次回收。而如果这两三次对外贸易是由两三个商人进行，第二个购买第一个进口的货物，第三个则购买第二个人的货物以将其出口，那么，每个商人获得自己资本回收就确实比较快一些。但是，在贸易中使用的全部资本的最终回收还是如以前一样缓慢。在这种迂回贸易中，使用的全部资本究竟属于一个还是两三个商人，对国家来说是没有什么区别的，虽然对每个商人来说会有不同。较之制造品与亚麻和大麻的直接交换，这样间接用一定价值的大不列颠产品来交换一定量的亚麻和大麻就需要有3倍的相同资本。因此，一般说来，和同一种直接贸易的等量资本相比，用于这种迂回的对外贸易的全部资本对国家的生产性劳动所作出的鼓励和支持要小一些。

无论用哪种外国商品来购买国内消费的外国货物，对外贸易的性质，以及它对本国生产性劳动所能提供的激励与支持都不可能有本质区别。例如，如果它们用巴西的金、秘鲁的银来购买，这金银就像弗吉尼亚烟草的购买一样，必然是用某种本国产业的产品或由本国产品换购的物品购买的。因此，就本国的生产性劳动而言，以金银为手段的消费品的对外贸易，无论其有利或不便，在抵偿直接用来维持该生产性劳动的资本方面，和任何其他同样迂回的消费品对外贸易一样。不过，以金银为手段的消费品的对外贸易似乎比其他任何同样迂回的对外贸易有一个优点：它们体积小，价值大，异地之间的运输也不像其他任何等值的外国货物那么昂贵。运费较低，保险费也不更多，而且在运输途中较不容易受到损坏。因此，较之以其他外国货物为媒介，以金银作为媒介就常常可以用较少量的本国劳动产物来交换等量的外国产品。同样，较之其他方式，用这种方式也可以使本国的需要得到更加充分的供应，花费也更少。

在任何国家，投在中间商贸易上的资本都被全部从本国的生产性劳动中抽出来，被转以维持外国的生产性劳动。虽然这种贸易一次可抵偿两个资本，却没有一个是属于本国的。从波兰运谷物到葡萄牙、再运葡萄牙水果和葡萄酒到波兰的荷兰商人的资本，确实抵偿了两个资本，但是这一结果完全不是用来维持荷兰的生产性劳动，而是一个维持波兰的生产性劳动，另一个用来维持葡萄牙的。最后流回荷兰去的只是荷兰商人的利润，它也必然构成这种贸易对荷兰土地和劳动的年产品的增加量。当然，如果中间商贸易所用的船舶与水手是本国的船舶与水手，那么为支付运费而使用的那一部分资本是在该国一定量的生产性劳动者中分配的，也就是用来推动本国的生产性劳动。事实上，几乎所有进行大量中间商贸易的国家都是以这种方式运行的。也许这便是“中间商贸易”（Carrying trade，直译应为“运输贸易”——译者注）这个名称的来源，因为这样的国家的人民成了其他国家的搬运夫。不过，这种贸易的性质并非总是如此。比如说，经营波兰葡萄牙之间中间商贸易的荷兰商人，可以使用荷兰船舶也可以用大不列颠的船舶。我们可以看到，他在某些情况下正是这样做的。正因为这个缘故，人们认为，中间商贸易对大不列颠这种国家特别有利，因为它的国防与安全取决于船舶与水手的数目。但是，同等的资本在对外消费贸易甚至在国内贸易中(如果由沿海船舶进行)照样可以雇用那么多的船舶与水手。一定量的资本所能雇用的船舶与水手的数量并非依赖贸易的性质，而是一方面取决于货物容积与货物价值的比例，在另一方面取决于运输海港间的距离，而前者尤其重要。例如，纽卡斯尔与伦敦相距不远，但是，这两个海港之间煤炭贸易所雇用的船舶和水手却比英格兰全部中间商贸易使用的还多。因此，通过特别奖励使一国的超过自然所应有量的资本用于中间商贸易的力量，也并不总是会一定促进该国的航运业。

因此总体来说，与投在消费品对外贸易上的等量资本比较，任何一国投在国内贸易上的资本所维持鼓励的生产性劳动量比较大，增加的本国土地和劳动年产物的价值也比较大。但是，如果将资本投入消费品的对外贸易，与将同量的资本投入中间商贸易做比较，在这两方面，前者却提供更大的利益。每个国家的财富与实力（就实力依赖财富来说）必定是与其年产物相应的，也总是与税收最后支付的基金成比例的。因此，它就不应该照顾或特别鼓励对外消费品贸易和中间商贸易，也不应强迫或诱使资本的较大份额进入这两种贸易渠道，而是应该令其自然流入其中。

然而，如果这三种贸易都是顺应事物的趋势自然而然地发展起来，而未曾受到任何的约束与压力，它们就不仅有利而且是必要的、不可避免的。

当特定工业部门的产品超过本国需要时，剩余部分一定会被送往国外，以交换国内需要的物品。没有这种输出，本国的部分生产性劳动必然停止，其年产值也将减少。大不列颠的谷物、呢绒、金属制品，一般来说超过了国内市场所需，所以其剩余的部分必定被运往国外，以交换其所需。正是由于这种输出，剩余的部分才可以通过销售换取充分的收入，并抵偿生产它时所费的劳动与费用。通航河道和大海沿岸宜于兴建产业，即是因为剩余的产品易于运输和交换本地所需的货物。

如果用本国剩余产品购得的外国货物也超过了国内市场所需，其剩余部分也必须再次运往国外，以交换国内更为需要的东西。用大不列颠本国剩余产品的一部分，每年在弗吉尼亚、马里兰购买的烟草每年达到9.6万桶，而大不列颠所需大约不过1.4万桶，其余8.2

万桶若不能送往国外以交换国内需要物品，烟草的进口就必然立即停止，而大不列颠居民的一部分生产性劳动也必然随之停止：因为他们现在制造的货物，就是用来交换这8.2万桶烟草的。这些货物是大不列颠土地和劳动产物的一部分，它在国内没有市场，如果在国外的市场也被夺走，这些货物就要停产。因此，在某些情况下，最迂回的对外消费贸易对支持本国生产性劳动和增加土地年产物价值也是不可缺少的，就像最直接的对外消费贸易一样。

一国资本若是增加到不能全都用来供应本国消费、支持本国生产性劳动的程度，其剩余部分就会自然地流入中间商贸易中去，用来给他国履行同一种职责。中间商贸易是国民财富巨大的自然结果与象征，但不是其自然原因。政治家们倾向于重视它并对其尤加鼓励，这就好像有些把结果与象征错当成原因了。从平均土地面积和人口的比例来看，荷兰是欧洲首富，因此，它在欧洲中间商贸易中占有最大的部分。英格兰或许是第二富国，也在欧洲中间商贸易中占据极大部分，虽然它的中间商贸易不如说只是迂回的对外贸易。从很大程度上来说，这也就是我们从东印度、西印度和美洲向欧洲各市场运送货物所进行的贸易。这些货物一般或者用大不列颠产业的产物直接购买，或者用这种货物所交换的东西购买；这种贸易最后购买来的货物一般也是在大不列颠使用或消费的。只有大不列颠轮船在地中海各港间的贸易，和大不列颠商人在印度沿海各港进行的贸易性质相同，它们才是大不列颠真正中间商贸易的主干。

在国内贸易中所用资本量之大小自然受到国内各偏远地区剩余产品价值所限，这些地区要求相互交换各自的产物。而在对外消费贸易中所运用的资本大小则受到整个国家剩余产品价值，以及能够用它购买之物的价值的限制。在中间商贸易中所能运用的资本大小，只受到世界所有国家的剩余产品价值的限制。因此，较之其他两种贸易，中间商贸易的发展就可以说是无限的，吸引的资本也最多。

对自己个人利润的考虑是决定资本投入农业、工业还是投入批发商业、零售商业的某一具体部门的唯一动因。资本投入这些不同用途时推动的生产性劳动量的不同、其增加的社会土地和劳动年产物的价值的不同，从来都不是资本所有者关心的东西。所以，在农业为最有利可图之职业的国家，在耕作与改良是巨大财富的便利之途的国家，个人资本也自然会以最有利于全社会的方式来运用。然而，在欧洲的任何地方，农业利润都不如其他资本用途优越。的确，这几年来，欧洲各地有许多规划者曾经用耕作与改良土地所得之极高利润使公众产生兴趣；可是只要我们稍一留意，就会知道他们的计算结果是完全错误的。我们在日常生活中看到，常常有些商人与制造业主在短短一生中成为巨富，而这些财富常常是借微薄的资本甚至白手起家得来的。可是，在18世纪的欧洲，用少量资本经营农业而发财的却没有一个。在欧洲所有大国中，仍有许多无人耕作的优良土地，已经耕作的土地也没有得到充分改良。所以，几乎任何地方的农业都还可以容纳多于已经投入的资本。

# 第三篇

# 论不同国家财富的不同发展

## 第一章

# 论财富的自然发展

每一个文明社会中的重要商业，都是在城市和农村居民之间进行的。在这种商业中，人们有时用天然产品和制造业的产品进行直接的交换，有时也使用货币甚至纸币之类的媒介进行。农村为城市提供生活资料和制造原料，又从城市那里取得一部分的制造业产品作为回馈。城市是既不生产也不能够再生产生活资料的；完全可以说，它是完全依靠农村为它们提供的所有的财富和所有的生活资料。不过，这并不能说城市的利益就是乡村的损失。实际上，两者利害相关。它们的利益是共同的和相互的，劳动分工的存在使双方的从业居民都得到了好处，这一点和在其他方面的情况也都是一样的。乡村居民从城市购买制成品而不需自己制造，就可以用少量的劳动产品交换取得相对大量的制造业产品。而城市同时又为农村剩余产品提供市场，农民把剩余产品拿到这个市场上进行交易，以取得自己的所需。城市的居民越多收入就越高，农村剩余产品的市场就越大。这个市场越大，大众的好处也越大。离城市1英里地方的农村生产的谷物，和离城市20英里的地方谷物的售价相同。然而后者的售价不但要补偿其生产费用和上市费用，而且要为农场主提供农业的普通利润。所以，城市附近的农场主和耕作者就从谷物价格中节约了从远方运来出售的谷物的运费，还省下了从城市购回货物的全部价值。如果我们比较一下城市周围各个乡村和远离城市的各个乡村的种植业，就可以发现城市商业对乡村是多么有好处。鼓吹贸易差额的议论比比皆是，可是没有哪种说法敢于宣称城市和各乡村之间的贸易为两方带来祸患。

根据事物性质，生活资料要优先于便利品和奢侈品，因此生产前者的产业自然也优先于生产后者的产业。所以，提供生活资料的农业耕种和改良也一定是优先于城市的发展，因为乡村是提供生活资料的，而城市只提供便利品和奢侈品。构成城市生活资料的只是乡村的剩余产品，即超过维持耕作者的部分，城市只有靠这种剩余产品才能发展。不过，城市要取得生活的资料并不总是要靠周遭的乡村，甚至也不总是依靠本国来获得全部生活资料；它可以从千里之外的外国进口。虽然这只能被看作例外而不是一般原则，然而却造成了不同时代与国家在财富增长方面的巨大不同。

对于大多数的国家的发展来说，这种顺序乃是由于必要性。当然不是所有国家都是如此，但是，在所有的国家中，人类的天性也都导致了这种结果。如果这一人类天性从未受到人类制度的阻碍，城市之发展就不可能超过其所在地区改良与耕作可以支持的限度，至少也是直到所在地的全部地方都得到彻底改良与耕作之前不会如此。在利润相等或者近似的情况下，多数人会倾向于投资土地的改良和开垦，而非工业和对外贸易。人们将资本投入土地，可以更方便地进行控制，其财产就不像商业资本那样容易受到意外的损害。而商人不得不受到狂风巨浪的威胁，以及人类愚蠢不公的更难控制的因素的支配，因为他必须非常信任遥远国度的人们，而这些人的品质与情况他无法全然了解。反顾地主，其资本与土地同在，安全程度可谓已达到人类事务的极致。此外，田园风光旖旎，生活安静闲适，居民优游自在。只要没有人类的不公正的法律的扰乱，乡村生活的巨大魅力吸引着每一个人。从古到今，耕种这一人类的原始目标和原始职业一直受到人类的喜爱，并将永远如此。

农民常常需要求助于锻工、木匠、轮匠、犁匠、泥水匠、砖匠、皮革匠、鞋匠和缝匠等工匠，少了他们，农民会遭受极大的不便和不断的困扰。工匠们偶尔也需要互相帮助，又因为不需像农民一样长住一处，他们日久便自然而然地住到一起来，此地渐渐就形成市镇或者小村落。随着屠夫、酒家、面包师傅等其他匠人和零售商人的加入，城市就进一步发展起来。乡民和市民互相提供服务。城市是一个经常的集市，农村的居民不断把天然产品送到那里，换取制成品。城市居民则换取自己需要的工作材料和生活资料。他们卖给农民的制成品有多少，就能够从对方手上买进多少原料和食品。因此，除非与乡村对制成品的需求成比例增长，城市居民的原料或生活资料就无法增加，而这个比例又和乡间耕作和改良事业发展相一致。若是人类制度从未干预自然进程，则无论在哪一种政治社会中，城市中财富的增加和城市的扩大都必然是农村地区或乡村改良和耕作的结果，并与之保持相同的比例。

我国的北美殖民地的荒地仍然可以以非常宽松的条件获得，那里的市镇还没有兴起任何以远方贸易为目的的制造业。如果那里的工匠得到资本，在自己职业所需之外尚且略有盈余时，他在北美就不是拿这资本来建立为了远方销售的制造业，而是来购买和改良土地。他从工匠变作农场主，当地向工匠所提供的高薪或轻松生活都不能吸引他为别人而不是为他本人工作。他认为，手艺人是顾客的奴仆，仰承顾客的鼻息，靠顾客的赏赐过活；而身为农场主，耕种着自己的土地，从自己的手中得到衣食，对世界无所依赖，才是真正的主人。

反之，在没有荒地或无法以宽松条件得地之国，所有自己获得的资本超过了本行所需的工匠都努力为了在远方销售而努力工作。锻工将建立铁厂，织工将建立麻织厂、毛织厂。日易时移，这各种制造业将发生缓慢而细密的分工，并借助各种方法实施改良。这也是可以理解的，无须详述。

在利润大致相当时，人们选择投资的途径时，制造业自然要优先于对外贸易，其理由同于农业对制造业的优先地位。就像地主或农场主的资本比制造商安全一样，制造商的资本也要比外贸商安全，因为资本可随时受到他的支配。当然，在所有社会的任何时期，天然产品和制成品的剩余部分，或国内没有需求的部分必须送到国外来换取本国之所需。然而，这一将剩余产品卷入国外的资本是外国资本还是本国资本无关紧要。若 社会没有足够的资本来耕作其土地，并以完全的方式制造出其所有天然产品，由外国资本来输出部分天然产物甚至就有一个巨大好处，因为社会的全部资本就可以投入最有用处的方面了。这一点，中国、印度、古埃及是很好的例子，说明哪怕一国的大部分出口贸易由外国人经营，此国仍然可以达到高度的富足。假如当地的资本得不到外国资本的帮助，我国北美殖民地和西印度殖民地的发展步伐一定不会那么迅速。

凡事物都有一种天然的趋势。在一个进步的社会中，大部分资本应当首先被投入农业，然后是工业，最后才是对外贸易，这是顺理成章的次序。我相信，在所有拥有领土的社会都可以看到在某种程度上遵守这一次序。总须先有屯垦，此后才能建立城市；总须先有粗糙的制造业，此后才有人投身对外的贸易。

然而，这种事物的自然次序虽然必定在某种程度上发生于所有的社会，在欧洲的所有现代国家，这种次序却在许多方面被完全颠倒了。它们某些城市的对外贸易引进了所有精密制造业即适于在远方销售产品的制造业，这制造业又与对外商业一起造成了农业的大改良。它们原来的统治性质造成的习气，在该统治大大改变之后仍然得以保留，也必然迫使它们采取了这种不自然的、倒逆的次序。

第二章

# 论城市商业对农村改良的贡献

工商业城市的增加与富裕，在三个方面对它所在的乡村作出贡献。

首先，城市是乡村天然产品的一个巨大而便利的市场，乡村地区的耕种者受到鼓励，进一步地改良土地。城市施加于乡村的这种积极的影响不限于城市周围的地区，任何与这城市存有贸易联系的乡村都会在不同的程度上受到这种感染。就乡村而言，城市是一个市场，它们的天然产品或者制成品的某些部分可以在那里找到销路。乡村居民的辛勤劳作和改良因此多少受到鼓励。城市所处的那部分乡村地区，由于最靠近城市，从中得到利益也最多。那里的天然产品，运费较省，即便商人以较高的价格从耕种者手上购进，将产品出售给消费者的时候，仍然可以定出和来自较为偏远地区的产品一样低廉的价格。

其次，城市居民获得财富之后，往往在乡间购置土地，以供出售。这种土地多半是未经垦殖的。商人们强烈地希望自己有一天成为乡绅，这愿望一旦实现，他们往往成为最擅长土地改良的人。商人的习惯，是花钱以图利润。一般的乡绅，是只将钱财用于消费。商人看到钱币出手，希望看到它归来那天携带着利润。乡绅花钱出手，权当为它送行。习惯的不同自然影响他们处理一切事务时候的

性情。商人通常是勇敢的经营者，乡绅是胆小的业主。商人如果相信一项投资有望按照某个比例增大其价值，他就会在那里毅然投下巨资。乡绅即便在小有余资的时候，也多半不敢这样使用。他要是也作改良，所用的不是一笔资本，而是自己每岁的节余。有幸在一座四周的农村地区未经改良的城市居住过的人，经常会发现，在这一类的事业上，商人显示出的活力远远大于乡绅。除此之外，商人在长年的商业经营中自然地养成了有序、节约和谨慎的习惯，这些习惯使他一旦投身改良，必定成功，赢得利润。

第三点亦即最后的一点，商业和制造业将秩序和良好的政府引进乡村居民的生活，随后又为他们带来个人的自由和安全，而在此前，这些人对他们的上司如同奴隶一般地依附，对他们的邻人则像敌人一样与之相争。据我所知，注意到这一点的只有休谟先生一人，但这确实是城市对于乡村的一切影响中最重要的一种。

要是一个国家，既没有对外的贸易联系，本身又完全不具备比较精密的制造业，则土地的产物在维持耕种者的生活之外，大部分的剩余物资将无法用于交换。在这种情况下，大地主就把它们全数用来款待客人。如果这剩余的物产可以供应100人或者1000人的酒食，他便将它们作100人或者1000人的酒食之用，此外，他也确实没有别的途径可以把它花费掉。于是，他随时随地都被仆从和宾客包围着，这些人的生活全仗他的恩赐，而他们既然无以回报，就只好听命于他，这就像士兵从君主那里领得饷银，理应听命于君主一样。当欧洲的商业扩张、制造业普及之前，自国王往下，富豪权贵们款待宾客的规模，都不是我们今天所能够想象的。威廉·卢弗的同伴们常嫌他的餐厅不够宽敞，那可是威斯敏斯特大厅。托马斯·贝克据说做过一次惊人之举：他的宾客太多，座位不够，他便让人把洁净的干草铺在地板上面，以便宾客们席地进餐时，不致弄脏华丽的衣饰。听说沃里克大公爵在他的庄园里，日宴3万人，这固然是大话，但是能够撑起这大话的数字，一定不会小。我们都了解，在最近的几年之前，苏格兰高地一带还流行着一种待客的风俗，与此几乎相同。而在缺乏商业和制造产业的国家，人们恐怕是经常可以看到这样的事情。波拉克博士说道，他见过有一位酋长，在牲口市场中，当道邀请所有的路人，包括乞丐，和他坐在一处，共享盛宴。

无论就哪方面说，租种大地主土地的佃农都依附于大地主，形同后者的仆从。此人即便不算奴隶，地主也可以随意要求他退租，因为他所交纳的地租无论就其哪一个方面而言，都与他从土地获得的生活资料不相称。数年前，在苏格兰高地，只需付出一克朗、半克朗、一头羊或者一头小羊的价格，就可以租到一块土地，足够维持一家人生活。直到今天，某些地方的情况还是如此；钱币在那里所能够买到的商品也并不比在别处更多。对于地主，如果得自土地的剩余产品一定要在这块土地上消费掉的话，他就宁可把其中的一部分放到离家相对远的地方，让那些像他的家奴一样依附着他的人去消费掉。这样于地主更加方便，因为这样他就不会有宾客过多，家里人口过众的麻烦。地主可以随意地要求佃户退租。佃户付出至多相当于一份免役租的价格，承租的土地就足够养活全家。所以，和其他任何的仆从一样，佃户对于地主的依附是无条件的。这样一来，地主好像在自己家里养活他的仆从，又在佃农的家里去养活佃农的一家。既然两者的生活资料都是他的赐予，那么这种赏赐是否继续自然就要看他高兴了。

所以，古代贵族权力的基础，就在于这些时候大领主对于自己的佃农和家中奴婢所一定拥有的某种必然的权威。平时，他们一定是境内居民的法官，战时则是这些人的统帅。在他们各处的领地范围内，只有他们能够征调所有的居民，率领他们去反对不法者的行为，从而维持境内的秩序、执行法律。领主有这种权力，国王却没有。古时的国王实际上是王国境内最大的一个领主，其他的大领主尊重他，从而携手防御共同的敌人。国王要是运用自己的权威，到一个大领主的土地上，强行要求偿还一小笔债务，那么他所花费的力气，原本是可以用来消灭一场内战的，这是因为那里的人民既有武装，又习惯相互援助。为此，他只得将王国境内大部分地区的司法权交给善于执法的人代为行使；同样地，他又把民兵的指挥权交给懂得指挥军队的人。

但是，把这种地方性司法权的起源归于封建法律是不对的。早在欧洲知道封建法律这个名称之前的几个世纪，大领主们本来就拥有最高的民事和刑事司法权，此外，他们还有征兵、铸币，甚至立法以治理自己的人民的权力。征服以前的撒克逊贵族的权威和司法的权力，就并不比征服以后的诺曼贵族的权力更弱。但是，直到征服以后，封建法律还是没有成为英格兰的习惯法。毫无疑问，早在封建法律出现以前，法国贵族本来就有的无所不至的权威和司法的权力就已经被引进这个国家。这些权威和这种司法的权力，一定都是上面讲到的财产状况和风俗习惯的产物。即便不问英法两国遥远的古代，晚近的时代也可以为我们提供大量证据，证明两者之间确凿的因果联系。距今不足30年以前，在苏格兰的洛赫巴地方有一位卡梅隆先生，既不是贵族，也算不上一个大佃农，不过是盖亚尔公爵的一名家臣。他没有正式的委任状，本人又非治安推事，却在他的人民中间行使着最高的刑事司法权，他的执法，虽然看起来不够正式，倒是公正的。这种现象的存在，极有可能是因为当时地方需要有人主持公共治安。此人一年的地租收入只有500镑，却在1745年率领800人参加了斯托亚起义。

推行封建法律的本意是要压缩大领主的权力，而绝不是要将其扩大。这种法律在上自国王，下至最低级的领主的贵族阶层中，确立了形式上的隶属关系，同时还附带一系列的责任和义务。未成年的领主本人受到他的直接上级监护，他的地租和对于地租的管理权也掌握在那人的手中。于是，作为上级的国王变成了所有未成年领主的监护人，代替他们掌管地租，行使地租的管理权。国王有责任去维持这些年轻人的生活，负担其教育，并且用与后者门第相当的方式为其择偶。可是，这种制度只是增强了王权，削弱了大领主的力量，却并没有能够在境内居民中建立秩序和良好的政府。这是因为，它没有彻底改变造成这种混乱状态的财产状况和风俗习惯。政府的情况一仍其旧，上轻下重，而下重导致了上轻。虽然有了封建制度，国王仍然和从前那样无力约束领主的横行。领主们不断地进行战争，任意向人开战，甚至向国王发出挑战。国内一片暴力、掠夺和混乱。

但是，对外贸易和制造业的默默无声的运作，慢慢地做到了封建制度的所有强制力量都做不到的事情。它们一天天地兴盛起来，为大领主提供某些东西。大领主渐渐可以用他土地上的剩余产品去交换，换来的东西供自己消费，而不是与人分享。一切都归自己，什么也不留给别人，领主们的这句可耻的格言流行于一切的时代。所以，他们一旦发现一种方法，可以让自己独自消费地租的全部价值，以后就再也不愿意与人分享。他们会把1000人一年的生活资料或者对应的价格花在购买一对钻石纽扣或别的没有价值的无用物品上。他所花费掉的是这些生活资料所能赋予他的所有的势力和权威。然而纽扣毕竟属于他一个人，别人谁也没有份，而这种情况若是在从前，他是要和1000个人分享的。其间的区别显而易见，很容易作出取舍。这样，他们便将全部的权威和权力投入交易，而这只是为了满足他们最幼稚、最没有价值和最无耻的虚荣心。

一个国家要是既没有对外贸易，也没有较为精密的制造业，一个人要消费掉一年1万镑的收入，只有把它们用来养活1000个对他恭顺如同奴仆的家庭。而在今天的欧洲，一个人要消费掉1万镑的年收入，并不需要直接去养活20个人，或者雇上10个奴仆，对他们发号施令(他们也不值得他那样做)。和古老的消费方式相比，他通过间接的方式所维持的人数至少同样多，很可能更多。他花费全部的财产换来的贵重产品，数量尽管不多，但在采集和制成此物过程中使用的人数一定可观。它的高昂价格的构成是这些工人的劳动工资和他们雇主的利润。他支付了这项价格，也就间接维持了这些工人和他们的雇主的生计。不过，对于其中的每一个人，他只支付了他们一年生活费中的很小一部分，对极少数人也许有1/10，对于多数人是1%，对于其他的人则不到1/1000，甚至只有1/10000。所以，虽然他为每一个人都支付了生活费用，这些人却依着不同的程度并不依赖他，因为他们的生活并非靠着他一人的支持。

从前大领主们把地租收入用来维持佃农和侍从，他所维持的是自己所有的佃农和所有的侍从的全部生活。现在他们用这地租来支持商人和工匠的生计，他们的全体可以维持的人数应该与以前相当，若是考虑到先前在乡村款待客人时所不能避免的浪费，则他们的全体现在可以维持的人数很可能更多。然而，个别地看，领主中的每一个对于这更多人数中的每一个的生活费所做出的贡献，只占很小的比例。每一个商人或每一个工匠的生活资料，不是领主中的某一位所赐，而是得自千万顾客的集体的眷顾，因此他们虽然仰仗顾客的全体，对于顾客中的任何一位却并没有多少依赖。

大领主的个人支出一天天变大，侍从的人数却一天天减少，直到最后消失。出于相同的原因，他们也遣散了多余的佃农。农场的面积增加了，租种土地的人数却减少到了按照当时尚未完善的耕作技术和改良状态所必需保有的数目，佃农们对此颇有怨言。削去了多余的人口，从农民身上榨干了土地的全部价值，领主因而获得了比较多的剩余产品或者说比较大的剩余产品价格(两者是一回事)。不久，商人和制造业主又为他想出办法，让他能够像先前对待别的产品那样，把所有的剩余产品都用在自己的身上。同样的原因继续作用着。领主越来越希望把地租提高到超过当时土地实际的改良状态所能够提供的水平之上。对此，他的佃农表示同意，条件是必须保证他们拥有足够长的租地年限，以便投入资本、改良土地、收回成本、获得利润。领主为应付开支，满足自己的虚荣心，乐于接受这样的条件。长期租约就是在这样的情况下产生的。

领主固然可以随意要求佃农退佃，然而一个付足了地租的佃农并不完全地依附于领主。他们相互间是平等的，双方都从对方身上获得各自的利益。在这种情形下，佃农自然不会不顾自家的生命和财产，为领主服务。但是一旦他有了一个期限很长的租约，他就完全独立了。他只需遵守租约中的条款和国家的成文法和不成文法的规定，而不必再为领主出哪怕是一点点的力。

佃农独立了，侍从遣散了，大领主也不再能够干预地方的司法程序，国家的治安便也不再受到影响。伊骚在饥饿困乏之中，为了生存的必需，为了一碗粥卖掉了自己天生的权力。大领主们出卖了自己与生俱来的权利，换来一堆不值一钱的漂亮的儿童玩具，他们自己也在这种挥霍中，沦落为城市中的殷实居民和商人，成为一个无足轻重的人。乡间也有了正式的政府机构，谁也没有实力去挑战乡间政府的工作，就和在城市里面一样。

下面讲的这件事情，也许有些离题，但还是要说一下。在商业发达的国家，古老的家族将大宗的地产，父子相承，传下许多代的情况是少见的。相反，在威尔士和苏格兰高地这种商业不发达的地区，这样的家族却仍然常见。阿拉伯的史籍中到处可见贵族的世系。一位鞑靼可汗写过一部历史，被译成多种欧洲文字，书中除了古老家族的世系表，好像也见不到什么别的东西。这可以证明，这样的古老家族，在这些国家是普遍存在的。在一个国家中，如果富人的收入只能用在维持尽可能多的人口，他的仁慈之心再热烈，也不会试图去养活自己的财力所不能胜任的人口，陷自己于入不敷出的境地。然而当他有办法将自己的主要收入用在他自己的身上，他的支出就会像他的虚荣心和对自己的爱心那样没有限度。这就是为什么在商业盛行的国家，虽然法律在防范财富的流散方面作出了严格的规定，财富世代相承、留在同一个家族的手上的情形却不多见的原因。而对于鞑靼人和阿拉伯人这一类的游牧民族，财富原本就少有消费的机会，防止奢侈的法律其实无从谈起。所以简朴的国家，商业既不盛行，法律中虽然没有对于这些方面的限制，财富长期保留在一个家族手中的情形反而常见。

就这样，两个不同的阶级虽然没有为公众服务的本意，却携起手来，一同实现了这一次与公共福利关系重大的变革。在这过程中，满足自己最幼稚的虚荣心是大领主仅有的动机。商人和工匠却并不可笑，他们只是看着自己利益的所在而行动。他们追求一种小贩原则，哪里有一个便士，就去哪里将它挣来，对于这种重大的变革，他们既没有认识也无法预见。一个愚昧，另一个勤奋，而这一场巨大的变革竟在这两者的手上造成了。

所以我们可以说，在欧洲多数的地区，城市里的商业和制造业对于农村地区的改良和开发，是原因而非结果。

问题在于，这样的发展顺序是违背事物的天然进程的，所以其进展的缓慢和不确定也是必然的事。只需把那些极度依赖商业和制造业以创造财富的欧洲国家的进步之缓慢，和财富完全基于农业的北美殖民地的发展之迅速做一比较，就可以明白这一点。欧洲大部分地方的人口，在将近500年间增加不足一倍。而在我国的北美殖民地，人口翻倍，只用了20年或者25年。在欧洲，小地主

的人数无法增加，因为有长子继承权和其他种种永久所有权在限制对大土地进行分割。然而，小地主对于他那块面积不大的土地极为熟悉，这份小小的产业在他的心中激起的感情使他对其爱护周至，不但努力耕种，而且怀着快乐的心情装点它。一般地说，小地主是最勤奋、最聪明和最成功的土地改良者。另外，这些规定又限制了土地的买卖，结果是用于购买土地的资本多，而可供销售的土地数量少，一旦有土地上市，总是以垄断价格出售。购地者所得的地租连购地款的利息都不够支付，而在购地款项的利息以外，还有维修的费用和其他可能出现的偶然开支。所以在欧洲，将小笔的资本用来购置土地，最是无利可图。确实也有生活状况处在中等的人，打算结束经营，为安全计，也有选择将小额的资本投在土地上面的情况。另外，有人本身从事专门的行业，收入另有来源，也会喜欢把自己的节余用同样的方式保存起来。但如果是一个年轻人，既不经商，也不去从事专门的职业，也把两三千镑的资本用来购置小块的土地，自己耕种，像这样，他固然也可以舒舒服服地过日子，不需要依赖他人，然而今后将和巨额的财富和显赫的声望无缘；而他若把这一笔款子投在别的场合，他也完全可以和别人一样，有机会获得这样的财富和声望。这样的人虽然不想成为地主，却又常常不屑于去做农民。这样一来，市场上待售的土地数量很少，而价格极高，致使大量的资本无法被投入土地的耕种和改良，而这样的资本原本是可以用在这些地方的。北美的情况正相反，五六十镑的资本就足以使人涉足种植业。购买荒地，加以开垦，对于大资本和对于小资本一样，同样是大为有利可图的事情，要在这个国家获得财产和名望，这是最便捷的途径。的确，在北美，这样的土地等于奉送，即便标价出售，其价格也大大低于自然产物的价值。然而，这样的事情在欧洲，或者在土地私有化已久的任何国家，都是不可能有的。但是，如果地主死后，其地产在他众多的子女中平均分配，那么土地在这个时候就可能出售。大量的土地进入市场，垄断的售价就再不能够维持。出租这些购入的土地所取得的自由地租，大致就可以抵偿购地款的利息，这时用小笔资本购置土地也就和用它购置别的东西一样有利。

英格兰的土地天然肥沃，相对全国的面积而言，海岸线是极长的，某些处于内陆最深处的地区因此也沾了水运之利。在这一方面，英格兰也许和其他的欧洲大国一样，得到大自然的赐予，成为对外贸易、为远方销售而建立的制造业和由此出现的所有形式的改良的中心。从伊丽莎白统治之初算起，英格兰的立法就向商业和制造业的利益倾斜，实际上，在欧洲所有的国家之中，英格兰的法律在总体上是最有利于这种产业，即使荷兰也不能比。在这一整个时期，英格兰的商业和制造业不断发展。乡间进行着的耕种和改良无疑也在进步，但和商业和制造业情况相比，似乎步伐缓慢，而且落后很大。农村土地中的大部分应该是在伊丽莎白以前就已经得到垦殖，但未经开垦的荒地到那时为止仍然很多，而即使是已经开垦的土地，其耕作的状况也远远没有达到可以达到的水平。不过，英格兰的法律倾向农业，不仅借助了保护商业、使之有利于农业这一种间接的方式，而且制定了几种直接针对农业的奖励。谷物可以自由出口，并且有奖金，只要不是在农业歉收的时候。当年的收成如果还好，便对外国谷物的进口课以重税，这实际上具有禁止其进口的效力。任何时候都禁止从任何国家进口活畜，这条禁令直到最近才为爱尔兰开了一个特例。这样一来，耕种土地的人实际上在面包和肉类这两种最重要的土地产品上拥有了垄断的权利，他人无从染指。这套鼓励农业的政策至少体现了立法者重视农业的美好愿望，我会努力说明这实际上是纯粹的空想。不过，在这所有的一切中最为重要的一点是，法律尽其所能，将安全、独立和他人给予的尊敬授予了英格兰的自耕农。所以，某个国家只要仍然存在长子继承权、向教会缴纳的什一税、在某些场合仍然容忍(违反法律精神的)永久性的所有权的情况，则它能够给予农业的鼓励就不会比英格兰更多。尽管如此，英格兰的耕地仍然处在这样的状况。可是，如果没有法律在商业的进步间接刺激农业的发展之外给予农业更为直接的鼓励，如果任由自耕农处在和欧洲其他国家的农民相同状态下，农业的状况又会怎样？自从伊丽莎白即位，时间已经过去了200多年，在人类文明的繁荣期一般所能够持续的时间中，它已经是最长。

在英格兰以贸易立国而出名以前的大约一个世纪，法兰西在对外贸易中占据很大的份额。查理八世远征那不勒斯以前的法国航海业的规模，在当时人的观念中就已经很大。不过整体上看，法国的土地耕种和改良的状况不如英国。和英国不同，法国的法律始终没有给予农业直接的鼓励。

西班牙和葡萄牙借助外国船只，对欧洲其他各国进行对外贸易，然而其规模极为可观。这两国使用本国的船只对各自的殖民地进行贸易，由于这些殖民地资源丰富、面积广阔，因此这方面的贸易规模更大。可是这两个国家都没有建立制造业，为远方的销售供货，国内的大部分地区也没有得到开垦。除意大利外，葡萄牙的对外贸易在欧洲大国当中，已是历史最久。

在欧洲大国中，由于对外贸易和为供远方销售而建立的制造业的推动，每一寸国土都得到开垦和改良的，只有意大利一国。奎西阿丁说，在查理八世侵入以前，国中无论是山岭坡地还是贫瘠之区，也都像平原地区的沃土一样得到开发垦殖。该国所处的有利地理位置，加上国内林立的各个独立小邦，可能对于这种普遍的垦殖有所助益。不过虽然有这位明智而谨慎的现代历史学家的话，当时的意大利在垦殖方面的成就未必就胜过今日的英格兰。

虽然如此，任何国家从商业和制造业中取得的资本，仍是十分不可靠和不稳定的财富，除非将其中的一部分保存到土地的耕种和改良中去，并且体现在这一过程中。常言道，商人不一定要是某一国的国民。他经商的所在地，对于他来说基本无关紧要。一件小小的不愉快，就可以使他抽走资本，将这资本支持下的全部产业，从一国转移到另一国。在资本落地——或者落到建筑物，或者落到持久的土地改良中——之前，资本中没有一个部分可以说是属于哪一国。据说汉萨同盟的成员城市拥有巨大的财富，但是只有在13世纪和14世纪的阴暗的历史书中才能见到它们的痕迹。某些城市究竟在什么地方，它们的拉丁文名字究竟指着欧洲哪些城市，甚至这些都无法确定。15世纪末和16世纪初的意大利遭遇灾祸，伦巴底和托斯卡纳一带各座城市的商业和制造业因而凋敝，即使这样，这一带仍然是全欧洲人口最多而土地耕种得最好的地方。弗兰德的内战和此后西班牙的统治，使安特卫普、根特和布鲁日的大商业迁往别处，然而弗兰德仍不愧是欧洲财富最多、开垦程度最好、人口最稠密的省份。得自商业的财富泉源经常因为战争和政治的因素而枯竭，而比较坚实的土地改良所创造的财富，除非遭遇来自蛮族敌人的一二百年间不中断的蹂躏，就像在罗马帝国晚期西欧各省发生的大动乱那样，它就不可能被毁灭。

# 第四篇

# 论政治经济学体系

## 第一章

# 论商业主义或重商主义的原理

财富由货币或金银所构成，这一流行观念自然而然地产生缘于货币具有两种功能——交易媒介和价值尺度。由于货币是交易媒介，相比使用其他物品，我们就可以用货币更容易地获取我们想要的东西。我们总是发现，手里有钱很重要。有了钱，想买什么就不困难了。由于货币是价值尺度，我们用所值的货币量来衡量所有其他物品的价值。有很多钱的人我们称他为富人，没什么钱的我们叫他穷人。一个人很吝啬或者渴望变富有，我们说他爱钱；一个人慷慨豪迈或大手大脚，我们就说他对钱不在乎。富足就是钱多。总之，在通俗地说法中，财富和货币无论在哪个方面都是同义语。

一个富裕的国家也像一个富有的人一样被认为拥有大量货币。对于任何国家来说，贮积金银都是致富的捷径。美洲被发现之后的某个时期，西班牙人每抵达一个陌生的海岸，第一个要问的问题通常是附近有没有发现金银。根据所获得的情报，他们从而判定那个地区有没有殖民的价值，或者那个国家有没有征服的价值。以前法兰西国王派遣僧人使者普拉诺·卡比诺到著名的成吉思汗的一个儿子那里去，据这位使者说，他们总是问他，法兰西王国的牛羊多不多？他们的问题和西班牙人所问的问题有同样的目的。他们想知道这个国家是不是足够富足，是不是值得他们去征服。和所有其他不熟悉货币的用处的游牧民族一样，他们把牲畜当做交易媒介和价值尺度。所以在他们看来，财富是由牲畜构成，这正如在西班牙人看来，财富是由金银构成一样。在这两者中，他们的看法或许更接近真理。

洛克先生曾提出货币和其他动产的区别。他说，其他各种动产如此容易消耗，以致由这些动产构成的财富不太可靠。一个今年富有这些动产的国家，即使毫无出口，仅凭自己的奢侈浪费，就可能在明年形成匮乏。相反，货币是一个可靠的朋友，虽然它可能从一个人手中转到另一个人手中，但只要使它不流出国门，就不太容易浪费和消耗。所以，在洛克看来，金银是一国动产中最稳固最实在的部分。基于这一点，他认为，增持更多金银应是一国政治经济的重大目标。

另一些人认为，一个国家如果能从世界当中分离出来，则国内流通的货币无论多少，都无关紧要。借这些货币流通的消费品只需要相应的或多或少的货币完成交换，他们承认，这样的国家的真实贫富完全取决于消费品的丰富或缺乏。但对于那些同外国发生联系的国家和那些不得不对外作战因而必须维持海陆军的国家，他们认为情形又不同。除非将货币送到国外进行支付，否则这一点不可能做到；而要把很多货币送往国外，除非在国内就持有大量货币。因此，每一个这样的国家都必须在和平时期积累金银，以便在必要时有财力进行对外战争。

依照这些流行的观念，欧洲各国都曾研究在其国内累积金银的一切可能的办法，虽然并无多大成效。西班牙和葡萄牙作为向欧洲供应这些金属的主要矿山的所有者，曾以严厉的处罚或者课以重税的办法禁止金银输出。类似的禁令似乎也是以往大多数欧洲其他国家政策的一部分。甚至在古苏格兰的某些议会法案里我们也会意想不到地发现以重罚禁止携带金银出国的律令。法兰西和英格兰古代也有类似的政策。

当这些国家成为商业国时，商人们在很多场合都发现这样的禁令极其不便。他们要购买外国的货物运回本国或运往别国，使用金银常常比使用其他任何物品便利得多。于是他们反对这种禁令，认为它妨害贸易。

他们提出：第一，输出金银以购买外国货物并不总是在减少这些金属在国内的数量，相反，常常还可能增加其数量。因为，如果国内对外国货物的消费没有因此增加，那这些货物可以再出口到其他国家，如能以高利润售出，就可以带回比原本为购买货物而输出的金银多得多的财富。托马斯·孟将这种对外贸易业务与农业上的播种期和收获期相比较。他说："如果我们只看一个农夫在播种期把上好的粮食撒到地里去的行为，我们会把他看成一个疯子而不是农夫。但当我们考虑到他在收获期、也就是他的耕耘的最后阶段的劳动，我们就会发现他的行为的价值和丰富产出。"

第二，这样的禁令并不能阻止金银输出，因为金银价值大体积小，很容易走私。只有通过适当地注意他们所谓的贸易差额才能防止这种输出。当一个国家出口的价值大于进口的价值时，就发生了对外贸易顺差，外国需要用金银支付这一差额，从而增加了本国金银的数量。但当一国进口的价值大于出口价值时，就发生了贸易逆差，这一差额必须同样用金银支付，从而减少本国的金银数量。

在这种情况下，禁令并不能阻止金银输出，而只会使金银输出更危险，费用更大。这样，汇兑对于有外贸逆差的国家更为不利，在外国购买汇票而不得不向出售汇票的银行进行支付的商人，不仅要承担将货币送往国外原有的风险、麻烦和费用，而且要承担金银输出禁令所带来的特别风险。但汇兑对一个国家越不利，贸易的差额必然对这个国家也越不利。贸易逆差国家的货币的价值必然比贸易顺差国家低得多。例如，如果英格兰在它与荷兰的汇兑之中吃5%的亏，在英格兰就需要105盎司的白银才能购买到只值100盎司的荷兰汇票，这意味着英格兰的105盎司白银只值荷兰的100盎司，也就只能买到相应数量的荷兰货物。反过来，荷兰的100盎司白银在英格兰值105盎司，可以买到相应数量的英格兰货物。英格兰的货物卖到荷兰价格就低很多，而荷兰的货物卖到英格兰价格则高很多，这都是源自汇兑的差额。由于这种差额，流入英格兰的荷兰货币较少，流入荷兰的英格兰货币则较多。因此，这种贸易差额将如此地不利于英格兰，它需要把更大数量的金银输往荷兰。

这些建议里既有正确的部分也有强词夺理的部分。他们宣称贸易上的金银输出有利于国家，这是正确的。他们说，当人们私底下发现输出金银的好处，禁令就不能阻止这种输出，这也没错。但当他们认为政府需要比关心保持或增加其他有用商品的数量更关心保持或增加金银的数量，因为自由贸易能确保那些商品的适量供应而无须政府如此关心，这就是强词夺理。他们说汇兑中的高昂代价必然加剧所谓的贸易逆差，导致更多的金银输出，或许也是诡辩。高汇价对于该欠外国债务的商人来说诚然是不利的，他们要支付更多的钱给受理这些汇票的银行。但是，虽然由禁令而产生的风险可能使银行承担额外费用，却未必因此而使更多的货币流出国外。这种费用一般是走私时在国内发生的，它不会在所需汇出的数目之上多流出一文钱。高汇价也自然会使商人们努力平衡他们的输入和输出，以使他们尽可能缩小汇兑金额。此外，高汇价肯定也会起到类似征税的作用，抬高外货的价格，从而减少对它们的消费。所以，高汇价应该不会增多，而只会减少他们所谓的贸易逆差，以及相应的金银输出。

尽管如此，这些建议却使它的听众深信不疑。商人们找到了国会、王公会议、贵族和乡绅当听众，即被认为对贸易懂行的人找了那些觉得自己是门外汉的人当听众。经验已经证明，对外贸易可以富国，贵族、乡绅和商人们一样了解这一点，但他们统统是知其然而不知其所以然。商人们完全知道对外贸易是如何让他们自己发财的，这是他们的本分。但对外贸易何以也让国家致富就不是他们分内的事了。他们从不考虑这个问题，除非他们得向国家提出需要修改外贸方面的律法。这时候他们就得说说对外贸易的好处，以及

现行法律如何阻碍了得到这种好处。他们说，对外贸易可以带货币回国，但对外贸易法使能带回来的货币比没有贸易法的时候要少，对那些决定这类事情的裁判官来说这个理由显得相当有说服力。因此，这些建议产生了预期的效果。禁止金银出口在法兰西和英格兰仅限于各自的铸币。外国铸币和金银块可以自由出口。在荷兰和其他一些地方，出口自由甚至延及本国货币。政府的注意力从提防金银出口，转移到对被看作唯一造成金银增减的贸易差额的监视上。一种没有结果的关注变成了另一种更加复杂、更加令人困扰但同样没有结果的关注。托马斯·孟的《英国得自对外贸易的财富》（*England.s Treasure in Foreign Trade*）一书的书名，不仅成为英格兰而且成为其他所有商业国家的政治经济学中的根本信条。而最重要的国内贸易——等量资本可以提供最大收入、为本国人民可以创造最多就业机会的贸易——却被认为只是对外贸易的辅助。据信，国内贸易既不能从外国搞货币回来，也不能从国内送点儿货币出去，所以国内贸易决不会使得国家更富或更穷，除非它的繁荣和萧条可以间接影响对外贸易的状况。

一个没有自己的矿山的国家毫无疑问必须从外国取得金银，正如没有葡萄园的国家只能从外国得到葡萄酒。然而，似乎政府没有必要关注此物更多于关注彼物。一个有财力购买葡萄酒的国家，总会获得它所需要的葡萄酒；一个有财力购买金银的国家，也绝不会缺少那些金属。金银也和其他商品一样，需要以一定的价格购买；正因为金银可以买到其他所有商品，所以其他所有商品也可以买到金银。我们有充分的把握相信，自由贸易无须政府关注，也总会提供我们所需要的葡萄酒；我们也可以同样有把握地相信，自由贸易总会给我们提供无论在商品流通还是在其他用途上我们能够收支的全部金银。

在各个国家，各行业所能购入或产出的每一种商品的数量，自然会按照有效需求，或者按照那些为了让商品进入市场而愿意支付所需的全部地租、劳资和利润的人的要求，自行调节。但金银按照这种有效需求进行自我调节比其他商品都更容易、更准确，因为金银体积小而价值大，最容易从一个地方运到另一个地方，从价廉的地方运到价高的地方，从超出有效需求的地方运到不能满足有效需求的地方。比如，如果英格兰有要求更多黄金的有效需求，一艘邮轮就能从里斯本或其他任何有黄金的地方运来50吨黄金，铸成超过500万几尼的铸币。但如果有效需求需要同等价值的谷物，按5几尼一吨计算的话，进口这批谷物就需要载重100万吨的船只，或每艘载重1000吨的船只1000艘。对此英国的海军也会无能为力。

当一个国家输入金银的数量超出它的有效需求时，政府的任何警惕都不能阻止它再输出。西班牙和葡萄牙的严刑峻法并没能使他们的金银不外流。从秘鲁和巴西不断输入的金银超出了这两个国家的有效需求，致使金银在这两个国家的价格降低到邻国之下。相反，如果某个国家的金银达不到有效需求量，就会使金银的价格抬高到邻国以上，政府也用不着费心去进口它们，或者，即使政府竭力阻止进口它们，那也做不到。斯巴达人一旦有了财力，他们购买金银的行动就冲破了莱克格斯为阻止金银进入斯巴达而订的法律所设置的一切障碍。所有严厉的海关法律都不能阻止荷兰和戈登堡东印度公司的茶叶输入英国，因为他们的茶叶比英国公司运来的便宜。而走私茶叶的难度——以通常用来支付的白银来算，1磅茶叶的体积是其最高价格16先令银币的体积的100倍，如果以黄金算的话则是2000倍，走私的难度也应按体积翻番。

金银的价格不像大部分其他商品的价格那样随着存货量的饱和或短缺而波动，部分是因为把金银从充足的地方运到缺乏的地方比运输那些受制于其体积的货物更容易。诚然，金银的价格并不总是不会变动，但其变动大都是缓慢的、逐步的和一致的。例如，有人认为(也许没太多根据)，在18世纪和17世纪的欧洲，金银由于从西班牙属西印度群岛不断输入，其价值一直在逐渐下降。要使金银的价格突然改变，从而使所有其他商品的货币价格发生显著的涨落，那得有一场像美洲的发现所产生过的那样的商业革命。

撇开所有这些不谈，如果一个有财力购买金银的国家在某个时候缺乏金银，要补足它们总会比要补足几乎其他任何商品都更方便。如果制造业的原料不足，工业必陷于停顿。如果粮食不足，人民必陷于饥荒。但如果货币（单指金属货币。——译者注）不足，则既可代之以物物交换，又可通过信用赊账交易，每月或每年清算一次，更可用调节得当的纸币加以弥补。第一种方法很不方便，第二种方法就比较方便了，至于第三种方法，则不但方便，而且有时还会带来一些利益。所以，无论就哪一点来说，任何一个国家的政府对于保持或增加国内货币量的关心，都是不必要的。

可是，人们对于货币不足的抱怨是再普遍不过了。货币，也像葡萄酒一样，那些没有资本赢取它，也没有信誉赊到它的人，一定会感到经常缺乏它。而那些既有资本又有信誉的人则从不缺他们所需要的，无论是货币还是葡萄酒。然而，抱怨货币不足者未必都是只图一时之快的败家子。有时候，一整个商业市镇及其邻近地区都会有这样的抱怨。这通常是因为贸易过度而引起的。即使是节制的人，如果不依照自己的资本制定经营计划，也会像没有量入为出的浪子一样，既没有赢取货币的财力，也没有赊取货币的信誉。在计划实现以前，他们的资财就已耗尽，接着他们的信誉也完了。他们到处去向人借钱，但人家都说无钱可借。这种对货币不足的抱怨即使普遍，也并非总是证明国内流通的金银已失常量，而只是证明存在很多想望金银却无力得到的人。当贸易的利润偶尔高出平常的时候，贸易过度是无论大商人还是小商人通常会犯的一个错误。他们输出的货币并不总比平常多，但他们在国内和国外通过信用赊购进超出常量的货物送往异地的市场，希望能在支付欠款的期限之前收回本利。如果在此期限之前没能收回本利，他们手里就一无所有，既不能换购到货币，也没法提供借贷担保。对货币不足的普遍抱怨，不是起因于金银的缺乏，而是由于这些人发现借贷困难，而他们的债权人发现债款难以收回。

如果要认真地证明，财富不是由货币或金银构成，而是由货币所购买之物构成，只有在用于购买时货币才有价值，未免多此一举，显得可笑。无疑，货币总是国民资产的一部分，但正如已经指出的，它通常只是一小部分，并且总是最无利可图的部分。

商人之所以普遍觉得用货币购买货物比用货物购买货币容易，并不是因为构成财富的更主要部分是货币而不是货物，而是因为货币是公认的和已确立的交换媒介，易于和其他一切物品交换，但同时又不那么容易得到。此外，大部分货物比货币更容易朽坏，如果保存它们，可能要蒙受大得多的损失。商人把货物攒在手里，比他把货物换成钱存在保险箱里，更容易使他在要用钱的时候无法应付。而且，他的利润更直接地是从售卖而不是从购买产生，因此他一般更急于把货换成钱，而不是把钱换成货。但是，虽然某些商人有时候会因为没能把他们仓库里丰富的货物及时售出而破产，一个国家却不会招致同样的结果。一个商人的全部资本，往往就是容易朽坏的、预备来换钱的货物。而一国土地和劳动的年产物仅仅只有很小的一部分预备用来从邻国换取金银，极大部分是在国内流通和消费的，甚至这运往国外的剩余部分，一般大部分也是用来换取其他外国货物的。因此，即使预备用来换取金银的那些货物换不到金银，国家也不会破产。虽然这确实可能带来某些损失和不便，并使国家不得不采取一些补充金银量缺口所必需的权宜之计，但它的土地和劳动的年产物却会和往常一样或差不多，因为它有一样多或差不多的可消费资本来维持自己。虽然以货换钱并不总像以钱换货那么容易，但从长远来看，以货换钱却比以钱换货更为必要。货物除了换取货币外还有其他许多用处，但货币除了购买货物就一无所用。所以，货币必然追逐货物，但货物并不总是或不必追逐货币。买的人往往打算自己消费或使用，并不总打算再卖，相反卖的人总想再买。前者往往完成了他的全部任务，但后者顶多能完成他的任务的一半。人们渴求货币不是为了货币本身，而是为了他们用货币所能购买的东西。

有人称，可消费的物品很容易损耗，而金银则具备更大的耐久性，如果不是如此持续不断地输出，就可以在长期内将其积累起来，使一国的真实财富增加到令人难以置信的程度。因此，以这种耐久品交换易损耗品的贸易，被看作对国家最为不利的。可是，我们并不去算计那种用英格兰的铁器去交换法国葡萄酒的贸易的不利之处，而铁器也是十分耐久的物品，如果不持续输出，也可能在长期内积累起来，使国内的锅釜增加到令人难以置信的数量。但是我们很容易知道，每一个国家这种器具的数量必然受它们的实际用武之地的限制；存着比烹饪通常消耗的食物所需的更多的锅釜是可笑的；如果食物的数量增加了，随之增加锅釜的数量也很容易，只要在增加的食物里拿出一部分去换锅子，或多维持一些做锅子的工人就行。我们也很容易知道，每一个国家的金银量都受这些金属的实际用武之地的限制，它们要么被当作铸币使商品得以流通，要么成为各种家居器皿。在每一个国家，铸币的数量都受借它而流通的商品的价值的调节；商品的总值增加了，有一部分就会被直接送到有金银的外国去换取使商品流通所必须增加的铸币。而金银器皿的数量则受喜欢奢华的私人家庭的数目和财富的调节，这种家庭的数目和财富增加了，其所增加的财富中的一部分很可能就被用来求购更多金银器皿。试图通过引进或保存不必要的金银数量以增加国家的财富，和试图强迫私人家庭添置不必要的炊具以增加他们的快乐一样，是荒谬的。正像购买多余炊具的开支只会降低而不会提高这个家庭所享食品的数量和质量，任何国家购买多余数量金银的开支也必然会减少衣、食、住等人民日常生计领域的财富。必须记住，金银不论成为铸币还是杯盏，都是一种器具，就像炊具一样。如果增强对金银的使用，使依靠它得以流通、经营和制造的消费品增多，就一定会增加金银的数量。但如果用非常手段来增加金银的数量，那一定会减少对它们的使用，由于其数量受制于其使用，因此甚至也会减少它们的数量。如果金银囤积超出了所需的数量，那么，由于运输它们如此容易，闲置它们的损失又这样大，任何法律都将不能阻止它们被立即运出国门。

一个国家要对外作战，在异国维持海陆军，不一定就得累积金银。维持海陆军靠的是可消费物资而不是金银。如果一个国家通过其国内产业的年产，通过土地、劳动力和生产资料的年产而拥有了财富，它就有资本在异国购买可消费物资，在那里维持战争。

一国要为自己在异国的军队支付军饷及供应军粮，有三种不同的途径：第一，把一部分积累的金银运出国外；第二，把一部分制造业的年产物运往国外；第三，把一部分天然产物运往国外。

能被看作一个国家的积累或储备的金银，可以划分为三个部分：第一，流通的货币；第二，私人家庭的金银器皿；第三，因多年节俭而积攒于国库的货币。

从一国的流通货币中节余大量金银的现象很少见，因为这方面很难有大量剩余。根据一国之内每年所交易货物的总值，需要有一定数量的货币，以使货物流通并被分配到真正的消费者手里，多了也没什么用。流通渠道必然自己吸收充足的货币，多了就容不下。但在进行对外战争的情况下，一般会从这个流通渠道里抽取一些货币。由于要在国外维持大量人员，国内所要维持的人数就减少了。国内流通的货物如果减少，其流通所必需的货币也会减少。在这种场合，通常会发行超常数量的各种纸币，比如英格兰的财政部证券、海军证券和银行证券，这些纸币代替了流通的金银，使国家有机会运送更多的金银去国外。但是，对于那些耗费高、持续时间长的对外战争来说，靠上述办法来维持只是杯水车薪。

熔解私人家庭的器皿已多次被证明更于事无补。上次战争开始的时候，法国曾采取这种办法，结果反倒得不偿失。

昔日，王室积累的财宝曾提供大得多、持久得多的资源。但在今天，除了在普鲁士国王那里，积累财宝似乎已不是欧洲王室们的政策的一部分了。

维持18世纪的战争的费用或许是有史以来最高昂的，但似乎很少来自无论是流通的货币还是私人家庭的器皿或是王室财宝的输出。上次对法战争花了英国9000万英镑以上，其中不仅包括7500万英镑新发行的国债，还有在每镑土地税上附加的2先令附加税，以及从偿债基金中每年借用的款项。这笔开支的2/3以上用于远邦异国，用在德国、葡萄牙、美洲，用在地中海各港口，用在东、西印度群岛。英国国王没有累积的财宝。我们也从未听说有大量器皿被熔解。当时人们认为国内流通的金银不超过1800万英镑。不过自从上次重铸了金币，人们相信这种估计未免过低了。因此，不妨按照我记得的所看到和听到的最夸大的估计假定，我国金银总共有3000万英镑。如果战争是通过我国的货币进行的话，那么即使依照这个估计数目，在六七年之间也一定已经把这些钱运出运回至少各两次。如果这种假定成立，就能提供最具决定意义的论据来证明，政府留心着保存金银是多么没有必要，因为根据这一假定，国内所有的货币一定曾经在这么短的时期内不知不觉出出进进了两次。可是，在这一段时期内，流通渠道并没有显得比平常更空虚；有财力换取货币的人很少感到货币缺乏。对外贸易的利润在整个战争期间确实比平时高，尤其是在战争快要结束的时候。这在英国各口岸引起了(它总是会引起的)一种普遍的贸易过度。而随着贸易过度，又引起了常见的对货币不足的抱怨。那些既没有财力赢取货币，又没有信誉赊贷货币的人觉得缺少货币，而正因为借债的人觉得难以借到，那些放债的人又觉得难以把债收回。不过，拥有可以换取金银的有价值之物的人，一般还是能得到有同样价值的金银。

所以，支付上次战争的巨大费用，必然不是主要靠着输出金银，而是靠出口英国的某些种商品。当政府或为政府做事的人与一个商人定协议让他汇一笔款到国外时，这商人就会开出一张期票寄到国外，但他肯定会想办法运一批货物而不是运金银出去，以支付接受期票的人。如果那个国家对这些英国的商品没有需求，他就会尽力把它们运往他可以支付期票的别的国家。把商品运往适合销售的市场，总能取得可观的利润，但运金银出国很难得到任何利润。当运金银到国外用以购买外国商品，商人所获得的利润不是来自商品的购买，而是来自买到的商品回国后的售卖。但如果他只是为了支付欠款而运出金银，那他就不能换回商品，因而也得不到利润。所以，他自然会想尽办法靠输出商品而不是输出金银来支付外国的欠款。在上次战争期间，英国输出了大量的货物，却没有带回来任何东西，这已经在《英国现状》一书中有所谈及。

除上述三种金银外，在所有大商业国，还有大量金银块在对外贸易中交替着输入和输出。这些金银块在不同的商业国之间流通，就像国家铸币在一国之内流通一样，它们可以看作这个大商业圈的货币。国家铸币的流动及其方向取决于在自己国境内流通的商品，大商业圈的货币则取决于在不同国家之间流通的商品。二者均用以便利交换，前者用于同一国家的不同个人之间，后者用于不同国家的不同个人之间。一部分大商业圈的货币也许曾被用来进行上一场战争。在发生全面战争期间，人们自然会认为，这种货币的流动及其方向与和平时期不同，应该更多的是在战场周围流通，更多地用于在战场及周边国家支付各国军队的军饷和粮食。但英国每年这样使用的商业圈货币无论多少，一定得以英国的商品或英国商品换来的其他物品，每年购买。所以归根结底，仍是商品，仍是一个国家的土地和劳动的年产物，才是使我们能够进行战争的终极资源。的确，认为每年这样大的开销肯定来自丰厚的年产是很自然的。比如，1761年度的开销在1900万英镑以上。任何积累都不可能维持这么大的年度开销，即使是一年的金银总产量也不可能。根据最可靠的统计，每年输入西班牙和葡萄牙的金银一般不会大幅超过600万英镑，有几年，数量还不够支付上次战争中4个月的开支。

最适宜运往远国异邦为那里的军队换取军饷和粮食(或换取一部分商业圈货币再购买军饷和粮食)的商品，似乎是比较精巧、先进的工业品，这种商品价值大而体积小，因而可以以低廉的运费运往很远的地方。一个国家的工业每年有大量这样的产品剩余出口国外，这个国家就可以维持一场费用高昂的战争好多年，而无须输出大量金银，甚至无须拥有供输出的这大量金银。诚然，在这种情况下输出的大部分工业剩余产品虽然给商人带来了利润，但没有给国家带来任何利润，因为政府向商人购买外国期票，以便在外国购买军队的饷给和粮食。不过，总还有一部分剩余产品的输出能够带来回报。在战争期间，制造业有着双重任务：第一，生产为了支付政府开往国外供应其军队粮饷的期票而必须运往国外的产品；第二，生产用以在国外换回国内需要的消费品的产品。所以，在最具破坏性的对外战争中，很大一部分制造业往往会非常繁荣；相反，在恢复和平的时候它们往往会衰落下去。可谓国破业荣、国复业衰。英国制造业的许多不同部门在上次战争期间及战后一段时期的状况，可作这些话的例证。

任何开支浩大或旷日持久的对外战争都难以靠出口土地天然产物来维持。把如此大量的天然产物运往外国去购买军队的饷给和食物，所需费用太大，而且没有几个国家的天然产物，除了维持本国居民所需外，还能有大量剩余。因此，把大量天然产物运往外国，等于把一部分人民所必需的生活资料运走。制造业产品的输出则不同。制造业工人的生活资料仍留在国内，输出的只是他们产品的剩余部分。休谟就曾经注意到英国国王不能无间断地进行一场持续的对外战争。那时候的英国，除了土地天然产物和少量粗陋的制造品以外，没有别的东西来为驻外军队购买军饷和食物，而天然产物也不能从国内消费中节省出多少，粗制品又和天然产物一样运输费用太高。这种无能为力并不是由于缺乏货币，而是由于缺乏精巧、先进的工业品。那时候英格兰的买卖和现在一样是以货币为媒介的。那时候货币流通量与常规买卖交易的次数和价值的比例，必然与现在相同，甚至更大，因为那时还没有现在已代替了大部分金银的纸币。在几乎没有工商业的国家，出现非常情况时，君王很难从他的国民那里得到多少援助。所以，在这类国家，君王一般会竭力积聚财宝，以此作为应付紧急事件的唯一资源。即使暂且没有这种必要，处于这一形势的君王也会自然地倾向于为了积累财富而节俭。

在这种简朴状态下，即使是一国之君的支出，也不是用来满足喜好宫廷豪华的虚荣心，而是用于赏赐佃户和款待家臣。虚荣心总是导致浪费，但赏赐和款待不会如此。因此每一个鞑靼首领都拥有财宝。据说查理十二世著名的盟友乌克兰哥萨克首领马捷帕的财宝极多。梅罗文加王朝的法兰西国王全都有财宝。当他们把王国分封给儿子们时，也把财宝分给他们。撒克逊各君主以及征服后的最初几个国王，似乎也都有积累的财宝。每一个新朝代所做的第一件事通常就是夺取上一个国王的财宝，这是确保继承统治权的最重要的手段。而先进的商业国家的君王，却不必同样地积聚财宝，因为在出现非常情况时，他们通常能从他们的臣民那里得到特别的援助。他们自然，也许必然赶时髦，其开销会和他们治内的各大领主一样，受奢靡的虚荣心的支配。他们宫殿里无用的华丽装饰一天比一天炫目，其花费不仅妨害积累，而且常常侵占那些用途更为必要的基金。德西利达斯关于波斯宫廷之言也适于一些欧洲君主的宫廷：他在那里看到浮华多而力量少，仆从多而士兵少。

输入金银不是一个国家得自对外贸易的主要好处，更不是唯一好处。随便哪两个地方之间进行对外贸易，它们都会得到两种好处。外贸使它们本国内不需要的那部分土地和劳动年产物被运走，给它们带来他们所需要的其他东西。通过换来其他这些能满足它们需要、增加它们用度的东西，外贸赋予了那些剩余产品以价值。利用这种措施，国内市场的狭隘性不会妨碍任何手工艺或制造业部门的分工发展到完善的境地。无论它们的劳动产品有多少超出了国内的消费量，只要对外贸易为它们打开了一个更广阔的市场，就会鼓励它们提高生产力，把年产量提高到最大，并因此而增加社会的真实收入和财富。对于进行外贸的所有不同国家，外贸一直在履行这些伟大而重要的任务。这些国家都从中受益，虽然说，商人所在国的利益还是要更大一些，因为商人一般总是关心供应本国人民的需要和输出本国的剩余产品多过关心别国。向那些需要金银但没有矿山的国家输入金银无疑是对外贸易的一部分，却是最不重要的一部分。一个仅为这个目的经营外贸的国家恐怕在一个世纪之内都装不满一船金银。

美洲的发现使欧洲变得富裕，并不是因为大量的金银的输入。由于美洲矿山丰饶，这些金属的价格降低了。现在购买金银器皿所需的谷物或劳动，约为15世纪的1/3。每年付出同样多的劳动和商品，欧洲现在能购买的金银器皿数量是那时候的3倍。但是当一种商品的价格降到以往的1/3，并不仅仅意味着那些以前购买它的人现在可以购买3倍于当时的数量，而且意味着买得起这种商品的人比以前大大增多了，可能增多10倍，也可能20倍。所以，欧洲现有的金银器皿数量，与如果没有发现美洲矿山(哪怕是在现有的进步状态下)相比，不仅可能多3倍以上，而且可能多20倍或30倍以上。无疑，时至今日，欧洲确实已经获得了好处，虽然这好处实在是微不足道。金银价格的低廉使这些金属不像以前那样宜于充作货币。为了买同样的东西，我们现在要带上更多的金银，以前口袋里装4便士就可以了，现在要装1先令。很难说以前的方便和现在的不方便哪个更微不足道。无论哪一个都不会使欧洲的现状产生任何根本的变化，但是，美洲的发现的确带来了最根本的变化。它为欧洲所有的商品打开了一个新的、无穷无尽的市场，带来新的劳动分工和工艺改进，而在从前通商范围狭窄，没有一个能消化大部分产品的市场的时候，这是绝不可能发生的。欧洲的劳动生产力提高了，各国的产品增加了，居民的实际收入和财富也随之增加了。欧洲的商品对于美洲来说几乎都是全新的，美洲的很多商品对于欧洲也是如此。于是，开始产生一系列以前从未想到过的新的交易。本来，这自然应该对新大陆有利，就像它肯定会对旧大陆有利一样。但是，由于欧洲人的野蛮和不公，使这一本应有利于所有人的事情，对那些不幸的国家来说成了破坏性的和毁灭性的。

经由好望角至东印度的航道差不多同时被发现，这开辟了一个可能比美洲更广阔的对外贸易的空间，即使距离更远。美洲当时只有两个在各方面都比野蛮人优越的民族，它们几乎一经发现就被消灭了，剩下的只不过是野蛮人。但是，中国、印度、日本等帝国以及东印度的几个帝国，除了没有更丰富的金银矿产以外，在其他各方面都比墨西哥或秘鲁更富饶，土地耕作得更好，所有的手工艺和制造业都更先进，哪怕那些西班牙作者关于这些帝国从前的情形的夸张记载显得很不可信，我们也仍得承认这一点。而富裕与文明的民族之间做交易的价值总是比它们与野蛮民族做交易大得多。可是，迄今为止欧洲从它与东印度的贸易中得到的利益，大大少于从它与美洲的贸易中所得到的。葡萄牙人独占东印度贸易差不多有一个世纪，欧洲其他国家要向东印度输送或从那里得到任何货物都只能间接通过他们。荷兰人在17世纪初开始侵入东印度时，将他们与东印度的全部贸易交给一家专营公司经营。英国人、法国人、瑞典人和丹麦人都效仿这一先例，结果，没有哪个欧洲大国从与东印度的自由贸易中得到了好处。这就是为什么东印度贸易的好处从来比不上美洲贸易的原因——在对美洲的贸易中，几乎每一个欧洲国家和它的殖民地之间的贸易都对这个国家的所有民众开放。那些东印度公司的专营特权和巨大财富，以及它们从各自政府那里得到的诸多关照和保护，已经引来了很多忌妒。忌妒者常常声称，由于进行这项贸易的国家每年要输出大量白银，因此这项贸易是完全有害的。对此，有关方面的答复是，白银的持续出口确实可能使欧洲在总体上受损，但对于那些从事这项贸易的个别国家则并非如此。因为，通过把一部分换回来的货物再出口到其他欧洲国家，每年可以使这个国家得到比输出去的数目多得多的白银。反对者的意见和对其答复都建立在我之前一直在阐明的流行观念之上，所以对这二者我都不必再多说什么了。由于每年往东印度输出白银，欧洲银器的价格可能比不输出白银的情况下高一些，而银币所能够买的劳动力和商品则更多。前一种影响是极小的损失，后一种影响是极小的得益，二者都微不足道，不值得社会关注。对东印度的贸易为欧洲的商品——或者，也可以说是为购买这些商品的金银——打开了一个市场，必然增加欧洲商品的年产量，从而增加欧洲的实际收入和财富。迄今为止它们还增加得很少，可能是这种贸易处处受限制的缘故。

关于财富由货币或金银构成这一流行观念，我认为有必要加以详尽考察，虽然这可能会冗长沉闷。正如我已经论述过的，在通常的说法中，货币常常意味着财富，这种表达的简洁含混使得我们对这一流行观念感到亲切和熟稔，甚至那些深知其荒谬的人也很容易忘记他们自己的原则，在论证过程中把它当作既定的、不可否认的真理。英国一些研究商业的优秀学者开始的时候还说，一个国家的财富不仅在于金银，而且在于土地、房屋和各种可消费品，但在他们的论证过程中，土地、房屋和消费品似乎从他们的记忆中消失了，在他们的论述腔调中，往往假定了所有财富均由金银构成，增加这些金属是国家工商业的重大目标。

但是，如果这两条原则(财富由金银构成；无金银矿山的国家只有通过贸易差额，即出口价值超过进口价值才能输入金银)已然确立，那么政治经济学的重大目标是必定成为尽量减少供国内消费的外国商品的进口，尽量增加国内产业产品的出口的。因此，限制进口和鼓励出口就成了使国家致富的两大引擎。

对进口的限制有两种：

第一，对于供本国消费的外国货物，如能由本国自己生产，则不论从哪个国家进口都加以限制；

第二，对于从贸易差额不利于己国的那些国家进口的几乎所有的货物都加以限制。

这些不同的限制措施，有时是高关税，有时是绝对禁止。

鼓励出口的措施，有时是退税，有时是奖励，有时是和外国订立有利的贸易条约，还有时是在遥远的国度建立殖民地。

退税在两种不同情况下实行。如果本国制造品已经缴纳关税或消费税，在其出口时常常退还已纳税额的一部分；如果是为了再出口而进口的需纳税的外国货物，在其出口时有时退还已纳税额的全部或一部分。

对那些刚起步的制造业，或被认为值得特别关注的企业的产品出口，会给予奖金以资鼓励。

通过有利的贸易条约，本国的货物和商人可以在某些国外地区获得优于其他国家的特权。

通过在遥远国度建立殖民地，不仅使宗主国的货物和商人享有某些特权，而且常常获得垄断地位。

上述两种限制进口的手段和四种鼓励出口的手段，是重商主义体系为了使贸易差额有利于本国从而增加国内的金银数量所提出的六种主要手段。我将在下面的章节里对这些手段进行考量，但不再过多关注它们有没有所说的把货币输入国内的倾向，而将主要围绕它们对国家产业的年产所可能带来的影响。由于这些手段往往会增加或者减少国内年产物的价值，显然它们也一定会增加或减少国家的实际财富和收入。

第二章

# 关于重商主义的结论

虽然鼓励出口和抑制进口是重商主义体系提出的富国的两种主要手段，但对某些特定商品来说，它似乎奉行相反的政策，转为抑制出口和鼓励进口。不过，重商主义体系宣称，其最终目标始终相同，即通过贸易顺差来富国。它限制制造业原材料和生产工具的出口，以使我国工人降低生产成本，使他们能在所有外国市场以比其他国家更低的价格出售货物；它提出通过这样限制一些低价商品的出口，来促成数量更大和更有价值的其他商品的出口。它鼓励制造业原材料的进口，以使我国人民能以较低价格将其制成成品，从而防止数量更大和更有价值的制造品的进口。但我没看到对生产工具的进口给予过任何鼓励(至少在我们的法律汇编中没有)。当制造业发展到一定的高度时，生产工具的制造本身就成为许多极重要的制造业的目标。对进口这种工具的任何特别鼓励，都会大大影响那些制造商的利益。因此，这种进口不但不被鼓励，还往往被禁止。正是这样，羊毛梳具的进口，除了来自爱尔兰、来自破船货物或来自战利品，爱德华四世第三年的法令曾予以禁止；伊丽莎白女王第三十九年重申了这一禁令，后来的法律则使之永久化。

制造业原材料的进口有时靠免税来鼓励，有时靠发放奖金来鼓励。

进口某几个国家的羊毛，任何国家的棉花，爱尔兰或英属殖民地的生麻、大部分染料和大部分生皮，英属格陵兰渔场的海豹皮，英属殖民地的生铁和铁条，以及一些其他制造业原材料，只要正常通报海关，就能受到免除所有关税的鼓励。这些免税条例可能和我们大部分其他商业条例一样，是我们的商人和制造商为了自己的利益而迫使立法机关制定的。然而这些条例是完全公正和合理的，如果符合国家需要的话，可以将其推广到所有其他制造业原材料，公众一定会从中受益。

可是，由于我国大制造商的贪欲，这些免税措施的实施对象有时大大超过了可正当地认为是他们的生产原材料的范围。乔治二世第二十四年第四十六号法令规定，外国黄麻纱的进口只征收每磅1便士的轻税，而在此前所课的税要高得多：帆布麻纱为每磅6便士，法国和荷兰麻纱为每磅1先令，俄国麻纱为每英担2英镑13先令4便士。但我国制造商没过多久就对这项减免不满足了。根据乔治二世第二十九年第十五号法令，甚至对黄麻纱进口所征收的这小额关税都取消了，同一条法令还规定，对价格不超过每码18便士的英国或爱尔兰麻布的出口发放奖金。可是，制造麻纱所需要的劳动量，比麻纱再织成麻布所需要的劳动量大得多。且不说亚麻种植者和亚麻纤维整理者的劳动，单是麻纱纺工的数量，就得3—4个才能维持一个麻布织工的工作；织成一匹麻布所需的全部劳动有4/5以上是用于纺麻纱。而我国的纺工都是穷人，通常是妇女，她们散居全国各地，没有人支持或保护她们。我国大制造商用以赢利的，不是靠出售她们这些纺工的产品，而是靠出售织工制造的最后成品。由于尽

可能贵地出售最后制成品符合他们的利益，因此尽可能便宜地购买原材料也符合他们的利益。他们逼迫立法机关对自己的麻布的出口发放奖金，对外国麻布的进口征收高关税，并完全禁止进口几种法国麻布，力图以尽可能高的价格出售自己的货物。通过鼓励外国麻纱的进口，从而使之与本国人民的产品竞争，他们力图以尽可能贱的价格购买穷苦纺工的产品。而他们也一心想要像压低穷苦纺工的收入一样压低自己的织工的工资，所以他们无论是抬高最后制成品的价格还是降低原材料的价格，都绝不是为了给工人们带来利益。我们的重商主义体系所鼓励的，主要是为有钱有势的人的利益而经营的产业。而为穷苦人民的利益而经营的产业，常常被忽视或被压制。

对麻布出口的奖金，以及外国麻纱进口的免税，颁布时只给予了15年有效期，但后来两次予以延长，将于1786年6月24日国会会议结束时失效。

对制造业原材料的进口发放奖金予以鼓励，主要是限于从我国的美洲殖民地进口的原材料。

第一批这类奖金，是18世纪初针对从美洲进口海军造船用品而发放的。在这个名目下包括适用于制造船桅、帆桁、牙樯的木材，以及大麻、柏油、松脂和松香油。不过，对船桅用木的进口发放的每吨1镑的奖金，对大麻的进口发放的每吨6英镑的奖金，也推广至从苏格兰进口到英格兰的这些产品。这两种奖金一直持续发放，没有变化，直到期满为止；对大麻进口的奖金有效期至1741年1月1日，对船桅用木进口的奖金有效期至1781年6月24日国会会议结束。

对进口柏油、松脂和松香油的奖金，在有效期内经历了几次变更。最初对柏油和松脂的进口奖金为每吨4英镑，松香油为每吨3英镑。后来，进口柏油每吨4镑的奖金，仅限于按特定方法制造的柏油；对进口其他良好、洁净的商用柏油的奖励，减至每吨2英镑4先令。同样，对进口松脂的奖励减至每吨1英镑，对松香油的奖励减至每吨1英镑10先令。

按照时间顺序的第二次对制造业原材料的进口发放奖金，是乔治二世第二十一年第三十号法令规定的对进口英属殖民地的蓝靛发放的奖金。这项法令规定，当殖民地蓝靛的价格达到上等法国蓝靛价格的3/4时，进口1英镑可得6个便士的奖金。这一奖金和大多数其他奖金一样，都是有期限的，但得到多次延期，只是奖金额减至每英镑4便士。其有效期至1781年3月25日的国会会议结束为止。

第三次发放这类奖金，是乔治三世第四年第三十六号法令规定的对从英属殖民地进口大麻或生亚麻发放的奖金(在此期间，我国有时讨好美洲殖民地，有时与其争吵)。这一奖励有效期为21年，从1764年6月24日到1785年6月24日止。头7年进口1吨的奖金为8英镑，随后7年为6英镑，最后7年为4英镑。这项政策不推及苏格兰，因为那里的气候不太适合种植亚麻(虽然那里有时候也种，但产量不高，质量也较差)。而且如果英格兰从苏格兰进口亚麻也能得到这一奖金，将会对英国南部的本土产品产生很大的抑制。

第四次发放这类奖金，是乔治三世第五年第四十五号法令规定的对从美洲进口木材发放的奖金。这一奖金有效期为9年，从1766年1月1日到1775年1月1日止。头3年里进口120条优质松板的奖金为1英镑，进口50立方英尺其他方板的奖金为12先令。随后3年，优质松板的奖金改为15先令，其他方板的奖金改为8先令。最后3年，优质松板的奖金又改为10先令，其他方板的奖金改为5先令。

第五次发放这类奖金，是乔治三世第九年第三十八号法令规定对从英属殖民地进口生丝发放的奖金。这一奖励有效期为21年，从1770年1月1日到1791年1月1日止。头7年每进口100磅的生丝奖金为25英镑，随后7年，改为20英镑，最后7年又改为15英镑。养蚕和缫丝需要如此之多的手工劳动，美洲的劳动力又这样昂贵，据我所知，即使发放这么多的奖金也不会产生显著的促进作用。

第六次发放这类奖金，是乔治三世第十一年第五十号法令规定对从英属殖民地进口酒桶、大桶、桶板和桶头板发放的奖金。这一奖励有效期为9年，从1772年1月1日到1781年1月1日止。头3年里某一数量的此类货物的进口奖金是6英镑，随后3年改为4英镑，最后3年改为2英镑。

第七次、也是最后一次发放这类奖金，是乔治三世第十九年第三十七号法令对从爱尔兰进口的大麻发放的奖金。这一奖金的发放方式与对美洲进口的大麻和生亚麻发放的奖金相同，有效期也为21年，从1779年6月24日到1800年6月24日止。这21年也同样划分为三个阶段，每一阶段的爱尔兰奖金和美洲的奖金相同。但与美洲不同的是，从爱尔兰进口生亚麻不享受奖金。如果对爱尔兰的生亚麻发放进口奖金的话，那将大大抑制英国的生亚麻种植。发放这项奖金时，英国议会和爱尔兰议会的关系，并不比从前英国和美洲的关系和睦多少。但人们希望，对爱尔兰的恩惠能比对美洲的恩惠更顺利的落实。

从美洲进口时享受奖励的这些商品，如果从其他国家进口则需缴纳高额关税。我国美洲殖民地的利益被认为和母国的利益是一致的。它们的财富被看作就是我们的财富。人们说，送往那里的钱，会通过贸易平衡(贸易差额)回到我们这里，我们为它们所做的支出不会使我们少掉哪怕1个法新。从任何方面来说它们都是属于我们自己的，在它们身上支出就是为增进我们自己的财富而支出，对我国人民有利。我认为，现在无须再多说什么来揭露这种说法和这种制度的愚妄，惨痛的经验已将其暴露无遗了。如果我们的美洲殖民地真的是大不列颠的一部分，这些奖金就可认为是对生产的奖励，仍然要受这种奖金(而不是其他奖金)所要受到的全部非难。

对制造业原材料出口的抑制，有时是以绝对禁止的方式，有时是以课征高关税的方式。

我们的毛织业者比其他行业的业者更为成功地说服了立法机关，使之相信国家的繁荣有赖于他们这种业务的成功和扩大。他们不仅靠完全禁止外国呢绒的进口而取得不利于消费者的垄断，而且靠类似的对活羊和羊毛出口的禁止，同样取得了不利于养羊人和羊毛生产者的垄断。对许多为确保税收而制定的法律，人们合理地抱怨说，许多行为在法律颁布前向来被看成无罪的，而这些法律却对这种行为处以重罚；但我敢保证，即使最严酷的关于税收的法律，与我国商人和制造商吵嚷着逼迫立法机关颁布的支持他们荒唐的和压迫性的垄断的某些法律相比，也显得温和宽大。就像德拉科的法律一样，这些法律可以说全是用鲜血写成的。

伊丽莎白第八年第三号法令规定，出口绵羊、小羊或公羊者，初犯没收全部货物，监禁一年，然后在某一集市日砍断其左手，钉于市上；再犯，即宣告其为重罪犯人，处以死刑。这一法律的目的，似乎是为了防止我国的羊种在外国繁殖。查理二世第十三和十四年的第十八号法令又规定，出口羊毛也属重罪，对出口者像对重罪犯人那样处以刑罚并没收财物。

为了国家的人道主义名誉，我们但愿上述两种法律从来没有执行过。但是，第一项法律从未被直接废除，高级律师霍金斯似乎也认为它仍然有效。只是，或许可以认为在实际上它已由查理二世第十二年第三十二号法令第三节所废除，后者虽未明确取消以前的法律所规定的处罚，但规定了一种新的处罚，即每出口或试图出口一只羊，罚款20先令，并没收这只羊及其主人对船只的那部分所有权。第二项法律则由威廉三世第七和第八年第二十八号法令明确废除了，该法令公示曰："查理二世第十三和十四年颁布的禁止羊毛出口的法令，将出口羊毛视为重罪；由于处罚过于严酷，对罪犯的起诉并未有效执行。因此，对该法令将该犯罪行为定为重罪一节，予以废止，宣告无效。"

但是，这一较温和的法律所规定的处罚，以及此前的法律所规定而未被这一法律所撤销的处罚，仍很严酷。除了被没收货物以外，出口者每出口或试图出口1磅羊毛，需缴纳3先令的罚金，相当于羊毛价值的四五倍。任何犯此罪的商人或其他人，不得向任何代理人或其他人索取他的债款或清算其账目。不论其财产多少，付得起或付不起这样重的罚金，法律的意图是使其完全破产（但由于人民大众的道德尚未像这些法律的制定者那样败坏，我还未曾听说过有人利用这一条款）。如果犯此罪的人不能在3个月内缴纳罚金，他将被处以7年的流放，如果他在期满之前逃回来，他将被当作重罪犯人处罚，并不得接受牧师的帮助。船主知罪不报，没收其船只及设备。船长和水手知罪不报，没收其全部货物和动产，并处以3

个月的监禁。后来的法律又将船长的监禁期改为6个月。

为了防止出口，整个内地的羊毛贸易都受到极为烦琐和苛刻的限制。羊毛不能用箱子、木桶、盒子等装箱，只能用皮革或包装布捆包，外面必须标有不少于3英寸长的大字“羊毛”或“毛线”，否则没收货物和包装，每磅羊毛罚款3先令，由所有者或包装者缴纳。除了在白天(日出和日落之间)，不能用马或马车驮运，不能在离海岸5英里之内的陆地上运输，否则没收货物和车马。临近海岸的百户邑(hundred)，对从那里或经过那里运输或出口羊毛的人，应于一年内提出诉讼，羊毛价值在10英镑以下的罚款20英镑，价值高于10英镑的，罚款为价值的3倍并诉讼费的3倍。如果对居民中的任何两人的处罚得由法庭偿还，则需向其他居民征税，就像抢劫案件一样。如果有人疏通该地官员来减少罚款，则处以5年监禁；任何人都可告发。这些法规通行全国。

而在肯特和萨塞克斯这两个郡，限制更为烦琐。每一个离海岸10英里之内的羊毛所有者，必须在剪下羊毛3天内，将所剪羊毛的数量和存放地点以书面形式向附近的海关官员报告。在运走其中的任何部分以前，他必须以相同的方式报告运走的羊毛的数量和重量，买方的姓名和地址，以及打算运往的地点。在这两郡，居住在离海岸15英里之内的人如不先向国王做出以下保证就不得购买羊毛：他将要购买的羊毛保证不售予离海岸15英里以内的其他任何人。如果发现有人向这两个郡的海边运送羊毛，除非做过上述报告和保证，否则没收羊毛，对犯者处以每磅羊毛3先令的罚款。如有人未做上述报告将羊毛存放于离海岸15英里内，则予以查封和没收；如有人要认领这些羊毛，则须向财政部提交保证金，如果在审判中败诉，除了所有其他处罚，他还要支付3倍的诉讼费。

当内地贸易受到这些限制时，我们可以相信，沿海贸易也不会有太多自由。如果羊毛所有者运送或企图运送羊毛到沿海港埠，以便从那里再经海路运至其他港埠，他必须先在出海港登记羊毛的重量、标记和包数，才能将羊毛运入该港的5英里以内，否则没收羊毛、车马及其他运输设备，并处以禁止羊毛出口的其他有效法律所规定的罚金。不过，这项法律(威廉三世第一年第三十二号法令)也宽大地宣布："本法律不妨碍任何人将他的羊毛从剪毛地运回家中，即使是在离海五英里以内，只要他在剪毛后10日内、搬运羊毛之前，亲自向附近的海关官员报告羊毛的真实数量和存放地点，并于搬运前3日内向上述官员亲自报告他的搬运意图。"沿海岸运输的羊毛必须提交保证金，在预先登记的港口上岸；而其中任何部分上岸时如果没有官员在场，则不仅没收羊毛，通常还处以每磅羊毛3先令的额外罚款。

我国的呢绒制造商，为了证明他们要求这种特殊的限制和法规的正当性，声称英国羊毛品质独特，优于任何其他国家的羊毛；其他国家的羊毛如不混入部分英国羊毛，就不能制成说得过去的产品；没有英国羊毛就不能制成精纺呢绒，因此，英国如能完全阻止羊毛出口，就几乎能垄断全世界的呢绒贸易。这样，没有了竞争对手，就可以按照自己满意的任何价格出售毛织物，通过最有利的贸易差额在短期内取得令人难以置信的财富。这种说法，像大多数那种小部分人说得头头是道、大部分人就跟着深信不疑的说法一样，到现在一直为很多人所相信，对呢绒业不熟悉或没有特殊研究的人，几乎全都相信这一说法。然而，无论从哪方面说英国羊毛对于制造精纺呢绒必不可少，都完全是谎言。英国羊毛其实不适合于制造精纺呢绒。精纺呢绒完全是用西班牙羊毛制造的。英国羊毛如与西班牙羊毛混合，甚至会在一定程度上降低呢绒的质量。

这些法规的效果是降低了羊毛的价格，不仅使它低于现在自然应有的水平，还大大低于爱德华三世时期的实际价格。苏格兰的羊毛价格，由于苏英联合而受到相同法规的制约，据说下跌了将近一半。《羊毛研究报告》的作者——严谨明智的约翰·史密斯先生曾提到，最好的英国羊毛在英国的价格，一般比极劣质的羊毛在阿姆斯特丹市场上的通常售价还低。使这种商品的价格降低到自然的或固有的价格之下，就是这些法规公开提出的目标，它们无疑达到了预期的效果。

可能有人会认为，价格的降低不利于羊毛的生产，必然大大减少这种商品的年产量，即使不比从前低，也会比目前条件下开放的和自由的市场允许价格上升到自然应有水平时的产量低。但我相信，羊毛年产量虽会受到这些法规的一定影响，但不会受到太大的

影响。羊毛生产不是牧羊人使用其劳动和资本的主要目标。牧羊人并不期望羊毛的利润会像羊肉的利润那样多，在许多场合下，羊肉的平均或一般价格能补偿羊毛平均或一般价格的不足。我曾指出过：“不论什么规定导致羊毛或皮革价格降到自然应有的水平之下，在一个得到改良的和耕作发达的国家，必会同时有所抬高羊肉的价格。在改良的耕地上饲养的大小牲畜，其价格必须足够支付地主的合理地租和农民的合理利润，如若不然，他们不久就会停止饲养。因此，羊毛和羊皮不够支付的那部分牲畜价格，必须由羊肉来支付。前者支付得越少，后者必然支付得就越多。羊的价格如何在羊的各部分间分摊，地主和农民并不关心，只要全数付给他们就行。所以，在一个得到改良和耕作发达的国家里，地主和农民的利益不可能受这类规定的太大影响，虽然他们作为消费者，其利益可能因食物价格上升而受到影响。”因此，根据这个推理，在一个得到改良和耕作发达的国家，羊毛价格的降低不可能导致这种产品年产量的减少。不过，由于羊毛价格下降，羊肉价格上涨，可能使对

这种畜肉的需求有所减少，从而使这种畜肉的产量有所减少。但即使在这方面，其影响可能也不太大。

可能有人会认为，羊毛价格的降低尽管对年产量的影响不大，但对羊毛品质的影响必然非常大。英国羊毛的品质即使不低于以前，也低于目前的土地条件下自然应有的水平，或许同价格的降低成比例。由于羊毛的品质取决于羊种、牧场以及对羊的管理和清洁，他们自然会想，在羊毛生产过程中，牧羊者对这些条件的关心，会与羊毛的价格成比例。然而，羊毛质量在很大程度上也取决于羊的健康、发育和躯体；提高羊肉质量所必要的措施，在某些方面就足够提高羊毛的质量了。尽管羊毛的价格下降了，但据说英国羊毛的品质甚至在18世纪也已有很大的改善。当然，如果羊毛的价格更高，品质的改良也许更大；价格低廉尽管妨碍了改良，却没有完全阻止这种改良。

所以，这些粗暴的法规对羊毛产量和品质的影响，似乎不如人们预想的那么大(虽然我认为它对品质的影响可能比对产量的影响大得多)；羊毛生产者的利益尽管必然受到某种程度的损害，但总体来看，这种损害比人们想象的要小得多。

不过，上述考虑并不证明完全禁止羊毛出口是正当的。但是，它们可以充分证明对羊毛出口课以重税的正当性。

一个国家的君主应公正、公平地对待所属各阶层的臣民，如果只是为了促进某一阶层的利益而伤害另一阶层的利益，不管伤害程度多大，都显然违反了这一原则。但只是为了促进制造商的利益而禁止羊毛出口，肯定在某种程度上伤害了羊毛生产者的利益。

每一阶层的人民，均有对君主或国家的维持做出贡献的义务。羊毛出口每托德（托德(tod)为衡量羊毛重量的单位，相当于28磅。——译者注）课税5先令甚至10先令，会为国王提供很大一笔收入。这种赋税对羊毛生产者利益的损害要小于禁止出口对他们的损害，因为它不会使羊毛的价格降低那么多。它也会为制造商提供足够的好处，因为，本国制造商虽然不能以禁止出口的情况下那样低的价格购买羊毛，但与外国制造商相比，本国的购买价格至少仍便宜5—10先令，此外还不用支出外国制造商必须支出的运费和保险费。要设计出一种既能给君主提供很大的收入，又不会给任何人带来点困难的赋税，那几乎是不可能的。

禁令并没能阻止羊毛的出口，即使它有各种处罚措施的保障。众所周知，羊毛的输出量很大。国内市场与国外市场上羊毛价格的悬殊对走私者的诱惑是所有严酷的法律所不能阻止的。这种非法出口对除了走私者以外的人都无益处。而通过缴税的合法出口由于能为君主提供收入，从而避免了征收其他可能更苛重、更麻烦的税收，这对国家的所有人民都有利。

被认为是制造和清洗呢绒所必需的漂白土的出口，也像羊毛的出口一样，受到差不多相同的处罚。甚至大家承认与漂白土不同的烟斗土，由于外表酷似漂白土，而且漂白土有时候被当作烟斗土出口，所以也受相同的禁止和处罚。

查理二世第十三、第十四年第七号法令规定，不仅是生皮，而且鞣皮也禁止出口，制成靴子、鞋子或拖鞋者除外；这一法令为我国鞋匠确立了不利于畜牧人和制革者的垄断。不过此后的法令使我国的制革者摆脱了这种垄断，只要他们在出口鞣革时缴纳每英担(112磅)1先令的轻税。他们还获得了出口时退还2/3消费税的权利，即使是出口未深加工的鞣皮也是如此。所有皮革制品都能免税出口，而且出口者能得到退还的全部消费税。而我国的畜牧人还处于从前的(制造商的)垄断之下。畜牧人彼此分离，散居国内各地，很难联合起来将垄断强加于同胞或摆脱其他人强加给他们的垄断。各个门类的制造商在所有大城市都建立了联合团体，很容易做到这一点。甚至牛角也禁止出口，制角和制梳这两个微不足道的行业在这方面也享有不利于畜牧人的垄断。

以禁止或课税的办法限制半成品的出口，并非皮革制造业所特有。只要某件货物在直接使用和消费之前还需加工，我国制造商就认为应由他们完成这一加工。毛线与绒线也禁止出口，与羊毛出口所受处罚相同。甚至白呢绒出口也需纳税，我国的染匠也因此获得了不利于呢绒业者的垄断地位。我国的呢绒业者本来或许能保护自己免于这种垄断，但恰恰我国大部分主要的呢绒制造商也兼营染业。表壳、钟壳、表针盘和钟针盘均禁止出口。我国的钟表制造商似乎不愿这类产品的价格由于外国人竞相购买而提高。

爱德华三世、亨利八世和爱德华六世时期的一些旧法律规定，所有金属均禁止出口。铅和锡例外可能是因为这两种金属的储量极丰富，它们的出口占到当时王国贸易相当大的一部分。为了鼓励采矿业，威廉和玛丽第五年第十七号法令规定由英国矿石冶炼而成的铁、铜和白铁不受出口禁令的限制。此后，威廉三世第九和第十年第二十六号法令又允许外国产或英国产的各种铜块出口。未加工的黄铜，即所谓的枪炮金属、钟铃金属和货币金属，仍继续禁止出口。各种黄铜制成品则可以免税出口。

未被完全禁止的制造业原材料的出口，在许多情况下要被课以

技工曾承诺或定约去外国从事上述活动，那么该技工出不出国的保证，在作出这种保证之前，可以将他拘

技工出国并在国外从事或传授本行工作，在接到国王事的警告后6个月内不回国并在国内居住下去，那么被剥夺在国内的一切财产继承权，不得担任国内任何人或财产管理人，也不得继承、受让或购买国内任何的土地、货物和动产也收归国王所有，他被当作外国国王的保护。

须指出这种规定与我们装作珍惜并自夸不已的国民首。在这种情况下，为了我国商人和制造商的蝇头小明显被牺牲了。

规定的冠冕堂皇的动机都是扩张我国的制造业，但其改进自身，而是压制邻国的制造业，尽可能消灭这些领人竞争。我国的制造商认为，他们理应垄断他们同过限制一些行业所雇用的学徒数量，通过规定所有行间的学徒期，他们力图使各自行业中的知识为尽可能同时，他们不愿这少数人中有人去外国传授技能。

生产的唯一目的，而生产者的利益只有在成为促进必要条件时才应加以关注。这个原则不言自明，无须重商主义体系中，消费者的利益几乎总是为了生产牺牲，这一体系似乎将生产而不是消费看成所有工商

国产物和制造品竞争的所有外国商品的进口加以限



重税。

乔治一世第八年第十五号法令规定，英国生产或制造的所有货物，按照以前的法律需纳税出口的，现在均可免税出口，但下列货物例外：明矾、铅、铅矿石、锡、鞣皮、绿矾、煤炭、梳毛机、白呢绒、菱锌矿石、各种兽皮、胶、兔毛、野兔毛、各种毛、马匹和黄色氧化铅矿石。除了马匹，这些货物都是制造业原材料、半成品(可视为深加工原料)或生产工具。该法令规定这些货物仍须缴纳以前须缴的所有税，即旧补助税和1%的出口税。

同一法令还规定很多种染料在进口时免征一切赋税，但再出口时须缴纳一定的关税(当然税并不太重)。我国染业工作者似乎认为，通过免税鼓励进口这些染料对自己有利的同时，对这些染料的出口略加抑制也对自己有利。但是，商人出于贪欲而使出的这种抢眼的伎俩，最可能的结果是使其大失所望。因为这必然提醒进口商更小心，以免进口量超过国内市场必需的供应量。国内市场可能始终供给不足，这些商品的价格可能始终比出口与进口同样自由时更高。

按照上述法令，塞内加尔胶或阿拉伯胶被列在染料之内，可免税进口。它们再出口时只需缴纳每英担3便士这样少的税。当时法国垄断了塞内加尔附近盛产这种染料的国家的贸易，英国市场不容易从它们的产地直接进口这些染料以满足供应。因此，乔治二世第二十五年的法令允许塞内加尔胶从欧洲任何地区进口(这和航海法的一般倾向相反)。但是，由于这项法令并不打算鼓励这种贸易，所以，与英国商业政策的一般原则相反，它又规定这种胶在进口时每英担需课税10先令，而且再出口时不予退还。1775年开始的那场

战争的胜利，使英国像从前的法国那样垄断了对那些国家的贸易。战争刚一结束，我国的商人就力图从这种有利条件中受益，力图建立一种有利于他们而不利于种植者和进口商的垄断。因此，乔治三世第五年第三十七号法令规定，从英王陛下的非洲属地出口的塞内加尔胶，只能出口到英国，并适用于与英属美洲殖民地和西印度殖民地的列举商品一样的限制、法规、没收和处罚。进口这种胶诚然只需每英担缴纳6便士的轻税，但其再出口则须缴纳每英担1镑10先令的重税。我国制造商的意图是，这些国家的全部产胶均应输入英国，而且——为了他们能以自定的价格购买这些产品——这些产品不应再行出口，除非课以重税(但这一重税足以抑制其出口)。可是他们的贪欲在这里也像在许多其他场合一样未能得逞。这种重税对走私活动是很大的诱惑，大量的这种商品不仅从英国，还从非洲暗中出口到欧洲各工业国，尤其是荷兰。因此，乔治三世第十四年第十号法令将这种商品的出口税减为每英担5先令。

在据以课征旧补助税的税率表中，海狸皮估值为每张6先令8便士，1772年以前进口海狸皮每张所缴纳的各种补助税和进口税为估值的1/5，即16便士；除旧补助税的一半即2便士外，其余均在再出口时退还。对如此重要的一种制造业原料课征的进口税被认为太高，1772年估值被减为2先令6便士，进口税减为6便士，只有一半可在再出口时退还。1775年那次战争的胜利使产海狸最多的国家处于英国的统治之下，海狸皮被划为列举商品，因而从美洲出口海狸皮仅限于运往英国市场。我国的制造商很快就在琢磨从这一局面中获利。1764年，每张海狸皮的进口税减为1便士，而出口税却提高到7便士，出口时还不退还进口税。同一法令还规定，海狸毛的出口每

制，显然是为了生产者的利益而牺牲了消费者的利益。完全是为了前者的利益，后者才不得不支付这种垄断所抬高的货物价格。

对本国某些产品的出口发放奖金，也完全是为了生产者的利益。国内消费者不得不负担的，第一是为了支付这种奖金所必须征收的税收，第二是国内市场上商品价格的上涨所产生的更大的赋税。

与葡萄牙所订立的著名的通商条约，通过高关税，致使我国消费者不能从邻国购买我们本国气候所不宜生产的某种商品，而不得不向一个遥远的国家去购买，尽管大家承认那个国家的商品质量不如邻国的好。国内消费者不得不忍受这种不便，以便本国生产者能以比本来更有利的条件将他们的某些产品出口到那个遥远的国家去。消费者还不得不支付这些产品因强势出口而在国内市场上增长的价格。

但为了经营我国在美洲和西印度的殖民地而订立的许多条约，与我国所有其他通商条约比起来，更严重地为生产者的利益牺牲了国内消费者的利益。一个大帝国已经建立起来，我们的唯一目的就是把它培养成一个消费者之国，使这些消费者不得不从我国生产者的店铺中购买我国所能供应的各种商品。为了这种垄断所能带来的我国生产者的商品价格能稍稍提高这点好处，我国的消费者负担了维持和防卫这个帝国的全部开支。为这个目的，并且仅仅是为了这个目的，在最近的两次战争中，我国已支出2亿多英镑，借债超过1.7亿英镑，且不说此前为同一目的而发生的多次战争所支出的费用。仅这项借款的利息，就不仅超过了因垄断殖民地贸易据说能得到的全部超额利润，还超过了这种垄断贸易的全部价值，即超过了每年平均向殖民地出口的货物的全部价值。

不难确定是谁规划了整个重商主义体系。我们相信，不会是消费者，因为他们的利益完全被忽略了；那一定是生产者，因为他们的利益受到细致的照顾。在生产者中，我国的商人和制造商是主要的设计师。在本章所论及的商业条例中，我国制造商的利益受到了最特别的关注，而为之作出牺牲的，除了消费者的利益以外，还有一些其他生产者的利益。

# 第五篇

# 论君主或国家的收入

第一章

# 论一般收入或公共收入的来源

国家收入除了要负担国防费用和维护君主尊严的费用之外，还要负担宪法未规定由某项特定收入支付的其他必要的政府开支。这些收入可以从以下两个渠道获得：第一，专属君主或国家，与人民的收入无关的某种资源；第二，来自人民的收入。

## 第一节　专属于君主或国家的资金或收入来源

专属于君主或国家的资金或收入来源，由资本或土地构成。

与其他任何资本所有者一样，君主利用其资本获得收入的方式有两种：一种是自己使用资本，另一种是把资本贷给别人。他从前一种情况获得的收入为利润，从后一种情况获得的收入为利息。

鞑靼或阿拉伯酋长的收入都是利润。他们是本集团或本部族的主要畜牧者，他们亲自监督管理饲养牲畜，其收入主要来自牲畜的繁殖和产奶。可是，只有在这种最初期、最原始的政府状态下，利润才构成君主制国家公共收入的主要部分。

小共和国有时可以从商业项目的利润中获得很可观的收入。汉堡共和国有一笔不小的收入据说就来自国营酒窖和国营药店。如果统治者有闲暇从事酒或药的生意，那个国家当然不会很大。对于更大一些的国家而言，国营银行的利润是一个收入来源。不仅汉堡如此，威尼斯和阿姆斯特丹也是这样。许多人认为，就连英国这样大的一个帝国，也不容忽视这种收入。按英格兰银行的普通股息5.5%、资本1078万英镑计算，在支付管理费用后，每年的净利润据说应为59.29万英镑。假如政府可以用3%的利息把这项资本借过来，自己来管理银行，则每年可得到26.95万英镑的净利润。不过，经验表明，像威尼斯和阿姆斯特丹那种贵族政治下的有秩序的、谨慎的、节约的政府，才适合管理这种商业企业，而像英格兰这样的政府，能否将这样一种企业的管理放心地托付给它，是大可怀疑的——英格兰政府虽然具有各种优点，但从未以善于理财而著称；在和平时期，它的君主政治容易造成怠惰和疏忽，产生浪费；在战争时期，它的民主政治又容易致使人们不做长远考虑，同样产生浪费。

邮局也是一种商业企业。政府事先投资设立各地的办公场所，购买或租用必要的马匹和车辆，然后从所运物品收取的邮费中获得丰厚利润。我相信，这可能是各类政府唯一经营成功的商业企业。预先投入的资本不是很大，其业务也没有什么秘密，收益不但确定，而且迅速。

但是，君主们也常常经营许多其他的商业项目，他们像普通人一样，想通过成为一般商业领域里的冒险家来改善自己的财产状况，但他们很少能成功。君主经营业务时经常出现的浪费，使得他们几乎不可能成功。君主的代理人以为主人的财富是无穷无尽的，他们不关心货物以何种价格买进，以何种价格售出，也不关心从一地向另一地运输货物的费用是多少。这些代理人过着与君主们一样的富裕生活，有时即使有浪费，他们也可以用恰当的方法捏造账目，得到君主们的财产。据马基雅维利所说，梅迪西斯的洛伦佐并不是一个无能的君主，而他的代理人就是这样经营他的商业的。佛罗伦萨共和国不得不好几次偿还这些代理人的浪费使他卷入的债务。因此，他放弃了他的家族赖以发家的经商事业，在其后半生，他把剩下的财产以及可由他支配的国家收入都投入更适合于他的地位的事业和用途。

从来没有两种性格像商人性格和君主性格那样互不相容。如果说英格兰东印度公司的商业精神致使他们成为极坏的君主，那君主精神似乎也致使他们成为极坏的商人。当他们仅仅是商人的时候，他们把自己的商业经营得很成功，能从利润中支付给股东不错的红利；自从他们成为当地的统治者以后，虽说还有300万英镑以上的收入，却仍然要乞求政府的特别援助以避免破产。在前一种情况下，该公司在印度的职员都把自己看作商人的伙计；在目前的情况下，他们却视自己为君主的钦差。

一个国家也可以从货币的利息得到一部分公共收入，就像从资本的利润得到这种收入一样。如果国家积累了一笔财富，就可以将其中的一部分贷与其他国家，或贷与自己的臣民。

伯尔尼州通过将一部分财富贷与外国——也就是说，通过购买欧洲各国的公债，主要是法国和英国的公债——获得了很大的收入。这种收入的安全性依存于，第一，所投资之公债的安全性，或者说管理该公债的政府的信用；第二，与债务国保持长期和平的确定性或可能性。如果发生战争，债务国方面最先采取的敌对行为恐怕就是取消债权国的债权。就我所知，向外国贷出货币的政策是伯尔尼州所独有的。

汉堡市设有一种公家当铺，将钱贷与有抵押品的本国臣民，收取6%的利息。据说，这种当铺向国家提供了15万克朗的收入，按每克朗4先令6便士计算，合33750英镑。

宾夕法尼亚政府没有积累财富，但它发明了一种向国民贷款的办法，不是用实际的货币，而是用一种货币等价物。国民要获得这种证券，须以两倍价值的土地作担保，并要支付利息。此证券规定十五年赎回，在赎回以前，可以像银行券一样在市面上流通，而且由议会法律宣布为本州一切居民之间的法币。节俭而有秩序的宾夕法尼亚政府可以从这种证券的发行中获得一笔不大不小的收入，足以支付该政府每年约4500英镑的全部普通支出中的一大部分。这种权宜之计的成功必然依存以下三种情况：第一，对金银货币以外的交易媒介的需求，或者说，对必须将很多金银送往国外才能购得的消费品的需求；第二，采用这种权宜之计的政府的良好信用；第三，发行这种证券的时候要适度，信用证券的价值不能超过在没有这种证券时流通中所需金银的全部价值。美洲的其他几个殖民地也曾在其他场合实行过这种政策，但由于缺乏这种适度，多数是造成的混乱多于便利。

可是，资本和信贷具有不稳定、不持久的性质，这使得它们不适于作为能给予政府以安全和尊严的那种确实的、稳定的、恒久的收入的主要来源。一切已经越过游牧阶段的大国政府，其大部分的公共收入都不是得自上述来源。

土地是具有更稳定、更持久的性质的资源，因此，公有土地的地租是早已越过游牧状态的许多大国公共收入的主要来源。古代希腊和意大利的各共和国，在很长时间内就是从公有土地的产物和地租中获得了大部分用来支付国家必要开支的收入。以往欧洲各国君主的大部分收入在很长时间内也是来自王室土地的地租。

在近现代，战争和为战争做准备这两件事情占用了所有大国大部分的必要开支。但是在古希腊及意大利各共和国，每一个公民都是战士，服役和为服役做准备都是自己承担费用。所以，在这两件事情上，国家无须支出很多的费用。一宗不太大的地产的地租，就足以支付政府其他所有的必要支出。

在欧洲古代君主国中，当时的风俗习惯就是使人民大众对于战争有充分的准备；当他们走上战场时，他们根据各自所属的封建领地的条件，或是自己承担费用，或是由直属领主承担费用，无须君主增加新的开支。而政府的其他费用，大部分非常有限。司法行政不仅不会成为开支负担，反而成为收入来源。乡村人民在收获之前和收获之后各要提供三天劳动，这被认为是一种资源，足以用来建造和维修国家商业所需要的所有桥梁、道路和其他公共工程。在当时，君主的主要费用似乎就是他的家庭和宫廷的维持费。因此，他宫廷里的官吏，在当时就是国家的官员。财政大臣替他收租。内务大臣管理他的家庭支出。治安大臣和警卫大臣管理他的厩舍。他的房子通常是城堡形式，看起来就是他所拥有的主要要塞。这种城堡的守护者可以被看作卫戍总督，他们似乎是君主在和平时期所必须维持的仅有的军事官员。在这种情况下，一笔大地产的地租通常就可以负担政府一切必要的开支了。

而欧洲大多数文明君主国的现状是，即使全国土地都属于一个人，从这土地上产生的全部地租，也达不到即使是和平时期征收自人民的正常收入，就是说，达不到政府的正常开支需求。例如，英国政府的正常收入，不仅要包括当年的必要开支，而且要支付公债利息及清偿一部分公债，加起来每年要达到1000万英镑以上。但是，这其中，土地税每年还不到200万英镑。而这土地税的来源，不仅是从全国所有的土地地租中抽取1/5(每英镑地租抽4先令)，而且还要从所有的房屋租金中和资本利息中抽1/5(也是每英镑抽4先令)，免纳此税的资本，只有贷给国家的资本或用于土地耕作的农业资本。土地税中有相当一部分是来自房屋租金和资本利息。例如，伦敦市的土地税，按每镑征4先令计，共达123399英镑6先令7便士；威斯敏斯特市的土地税为63092英镑1先令5便士；白厅宫及圣詹姆斯宫的土地税为30754英镑6先令3便士。还有一部分的土地税也是按照相同的方式向国内其他大小城市课征的，这些城市里的土地税几乎全都出自房屋租金或商业资本和借贷资本的利息。因此，按照英国的土地税的数额推算，全英国的土地地租、房租和资本(贷给政府及用于耕作的资本除外)的利息各项收入的总额不会超过1000万英镑，也就是说不超过英国政府在和平时期征收自人民的正常收入。当然，英国每年为征收土地税而对各种收入所作的估计，总的来看应该是大大低于真实价值的，虽然在某几个郡和地区据说估值差不多等于真实价值。有许多人估计，不算房租和资本利息，单单土地地租一项每年总额就应当有2000万英镑。这种估计在很大程度上是随意做出的，我觉得可能高于实际情况。但如果在目前的耕作状态下，英国的全部土地所提供的地租还没有超过每年2000万英镑，那么如果这些土地全都属于一个地主，置于他的代办人和代理人的疏忽、浪费和专横的管理之下，收到的地租很可能达不到2000万英镑的一半，甚至连1/4可能都难以达到。英国王室的土地现在所能提供的地租，可能就不及这土地在分属私人所有的情况下所能提供的1/4。如果王室领地更为广大，那它们的管理或许还要更坏。

人民从土地中获得的收入，不是与土地地租成比例，而是与土地的产物成比例的。除了留作种子的以外，一国土地的全部年产物，就是人民每年所消费的或用来交换其他消费品的东西。无论什么原因使得土地产物减少，它使人民的收入所减少的程度总是大于它使地主们的收入减少的程度。在英国，土地的地租，即归于地主的那部分产物，在任何地方都不超过全部产物的1/3。如果在某种耕作状态下，土地一年能提供2000万英镑的地租，地租是全部产物的1/3，而在另一种耕作状态下，土地只能提供1000万英镑的地租，地租也是全部产物的1/3，那么，两相比较，地主们所受的损失只是1000万英镑，而人民的收入所受的损失则达3000万英镑(播种的种子

不考虑在内)。国家人口减少的数目，就是每年3000万镑(扣除种子)根据不同阶层人民的具体生活方式和花费方式所能维持的人数。

虽然现在在欧洲没有任何一类文明国家从国有土地的地租中获取大部分的公共收入，但在欧洲所有的大君主国，王室仍然拥有大片的领地。这些领地一般都是御猎场，但在这些土地上，有时候你走几英里都看不见一棵树。从产物和人口两方面来说，它们都只是荒地，是国家的损失。在每一个欧洲大君主国，出售王室土地都可得到一笔很大的资金，如果用来偿还国债，则可从收回的抵押资源中获得一笔比这种土地过去为王室所提供的更大的收入。在土地和耕种高度改良、出售时能产生丰厚地租的国家，土地一般按照相当于30倍年租的价格出售，而未改良、未耕种、地租低的王室土地，预计会按相当于40倍、50倍或60倍年租的价格出售。王室可以立即享受以这巨大价格赎回抵押资源后所带来的收入。而在几年之中，他们可能还会享受到另一笔收入。当王室土地变为私有财产时，在几年之间就会得到很好的改良和耕种。这些土地的产物一增加，就会增加人民的收入和消费，也会增加国家的人口。而王室从关税和消费税得到的收入，必然随着人民收入和消费的增加而增加。

在文明君主国，王室从其领地所获取的收入，虽然看起来不增加人民个人的负担，但这一收入让社会付出的代价，可能比国王享受的其他任何同等收入让社会付出的代价都大得多。所以，为了社会的利益考虑，应当用某种其他的收入去代替王室的这种收入，将这些土地分配给人民，而最好的办法也许就是向人民公开出售。

用于游乐与观赏的土地，如公园、花圃、散步场所等，一般都看作支出的原因而不是收入的来源。在大的文明君主国，这种土地似乎是应当属于王室的唯一土地。

因此，专属于君主或国家的两种收入来源——公共资本和公共土地，作为支付文明大国必要费用的资源是既不适当也不充分的；这种费用的大部分必须由各种税收来支付，换言之，人民必须从自己私人的收入中拿出一部分来上缴给君主或国家，以弥补公共收入。

## 第二节 论赋税

在本书第一篇已经表明，个人的私人收入最终总是有三个不同的来源：地租、利润和工资。每一种赋税，最后必定是由这三种收入来源之一支付，或由它们不加区分地共同支付。我将尽我所能地对以下各点做出清楚的说明：第一，打算对地租课征的税；第二，打算对利润课征的税；第三，打算对工资课征的税；第四，打算不加区分地对这三项私人收入课征的税。由于要分别研究上述四种赋税，因此本章第二节将分为四项，其中三项还得进一步细分。从接下来的论述中可以看出，许多赋税最初是打算加于某项收入来源的，结果却并不是由这项收入来源支付。

在我着手考察各种赋税之前，有必要先说明关于一般赋税的四个原则。

(一)每一个国家的国民都应该尽可能地按照各自能力的大小，即是说按照他在国家保护下所获得的收入的比例，对维持政府做出贡献。一个大国政府的支出对于每个个人而言，就像一宗大地产的管理费对于这宗地产的共同承租人而言一样，每个承租人都应当按照各自在地产中的利益的大小来对管理费做出贡献。所谓赋税的平等或不平等，就看是遵守还是忽视这条原则。无须多说，一个国家的赋税如果仅由上述三种收入来源之中的一种来源负担，而其余两种不受影响，那必然是不平等的。在下面对各种不同的赋税进行考察时，我不会更多地关注这种不平等；在大多数案例中，我将只考察由于某种赋税不平等地落在它所影响的特定私人收入上面而引起的那种不平等。

(二)每个国民必须缴纳的赋税应当是确定的，不能是随意决定的。缴纳的时间、方式和数额，对每一个纳税者及所有其他人都应当是清楚明白的。否则，每个纳税人就会或多或少地为税吏的权力所左右，税吏会乘机向其讨厌的纳税者加重税额，或以加重税额为恐吓，勒索礼物或贿赂。赋税的不确定会鼓励税吏的专横，促进他们的腐化，导致这一类人到哪里都不受欢迎，即使他们并不专横或腐化，也会是这样。在课税中，每一个人纳税的确定性是一件极为重要的事情，从所有国家的经验来看，我相信，极大程度的不平等也不及极小程度的不确定的危害那么大。

(三)各种赋税征收的日期和方式应当为纳税者纳税提供最大的方便。地租税或房租税应在通常支付地租或房租的同一时期征收，因为这样安排对纳税者最为便利；或者说，这个时期他最有钱纳税。对作为奢侈品的消费物品所课之税，最终都是由消费者支付的，通常也应采取对他十分便利的方式。他可以在每次购买这类商品时缴纳少许赋税。他有购买或不购买的自由，如果他因为这种赋税的征收而感到困难，那就是他自己的问题。

(四)每种赋税的征收应有所安排，尽可能地使从人民那里征收到的钱或者人民损失的钱不要多于最终国家得到的税收。如果从人民那里所征收的钱或人民所损失的钱远多于国家最终的税收，一般是下面四个方面的原因。第一，征税可能使用了大批官吏，他们的薪水吞掉了大部分的税收，而他们索取的礼金或贿赂对人民则是一种额外增加的负担。第二，它可能妨碍了人民的勤劳，使人民对那些会给许多人提供生计和职业的事业裹足不前，并使本来可以投入这些事业的一些资金缩减乃至消耗一空。第三，对于不幸的逃税未遂者施以没收财产或其他处罚，常常使他们破产，因而社会便失去了由使用他们的资本所能获得的利益。赋税的不明智是逃税的巨大诱因。但对逃税的惩罚又势必随着引诱的增强而增强。这样的法律首先造成了引诱，然后在本该减轻赋税的情况下按照引诱的大小惩罚逃税的人，这是与一般的司法原则相反的。第四，税吏频繁的造访以及令人讨厌的稽查常使纳税者遇到许多不必要的麻烦、困扰和压迫。虽然严格地说这种烦扰并不是支出，但如果人民宁愿付钱摆脱这种烦扰，它就的确等于一种支出。总之，赋税之所以常常给人民造成的负担多于给君主带来的好处，不外乎上述四种原因。

上述四条原则，道理明显，作用显著，每一个国家或多或少都注意到了。它们都从各自的判断出发，尽可能地设法使税收和预先设计的一致，在纳税时间和纳税方式上对纳税人尽可能确定和方便，并参考他们各自的赋税比例，尽可能避免给人民增加更多的负担。但下面对于各时代各国家的主要赋税的简短述评，将表明各国在这方面的努力并未取得相应的成功。

### 第一项 租金税、土地地租税

对土地地租课征的赋税有两种征收办法，第一，按照某种标准，给不同地区分别评定出一定的地租水平，评定之后就不可以变更；第二，也可以使税额随土地实际地租的变化而变化，随土地耕种的改善或恶化而有增有减。

如果每个地区按某种固定的标准评定土地税——像英国的土地税那样——那么，这种税即使在设立之初是平等的，也必然会随着时间的推移、随着各地耕作上不同程度的改良或懈怠而变得不平等。在英格兰，由威廉和玛丽第四年的法律所设定的各郡和各教区应课征的土地税甚至在设定之初就是不平等的。因此，这种赋税违反了上述四原则的第一条。但它完全符合其他三条。它是完全确定的。纳税的时间就是交租的时间，对纳税人是极方便的(虽然在所有的情况下地主都是实际纳税人，但税款一般是由佃户先垫交，地主在收取地租时，再减去这一部分)。这项赋税征收时使用的官吏，比能提供差不多相同收入的任何其他赋税征收时使用的官吏都要少。由于一个地区的税额不随地租的增加而增加，君主并不分享地主从土地改良中所得的利润。这种利润有时诚然会造成同一地区内其他地主的破产，但剩下的地主因此而需要增加缴纳的赋税总是很少的，不会阻碍土地的改良，也不会使土地产物的产量降到本来会有的水平以下。由于它没有减少产物产量的趋势，它也不会有提高产物价格的趋势。所以它不会阻碍人民的勤劳。地主除了纳税的不可避免之外，也不会因此有其他不便。

不过，英国的地主由于土地地租的估值不变而获得的好处，主要是由于与赋税的性质无关的某些外部状况。

自从英国建立土地评估制度以来，部分地由于国家的几乎每个地区都得以繁荣，几乎所有地产的地租都在持续增加，而鲜有下降。因此，几乎所有地主都因为地租估值不变而赚到了按照现有地租应该多缴的那部分赋税。假如国家的状况有所不同，假如地租由于耕种的恶化而逐渐下降，那地主们的情况则会相反。在英国大革命后，地租评估的不变性就对地主有利，对君主不利；换一种情况的话，则可能对君主有利、对地主不利。

由于赋税是以货币缴纳的，所以对土地的估价是以货币表示的。自从这种评估确定以来，银价一直很固定，铸币的法定标准在重量或纯度方面都没有什么改变。假如银价显著上升，像在美洲银矿发现以前的两个世纪里那样，那估价的确定性将使地主很吃亏。如果银价显著跌落，像在美洲矿产被发现之后至少一个世纪里那样，则估价的确定性会让君主的这部分收入减少许多。假如货币标准有重大改变，同等重量的白银，或被降低面额，或被提高面额——例如，1盎司白银，原来铸成5先令2便士，现在铸成2先令7便士，或铸成10先令4便士——那么，在前一种情况下会损害地主的收入，在后一种情况下会损害君主的收入。

所以说，只要环境发生了变化，这种估价的固定性要么会给纳税人造成巨大不便，要么会给国家造成巨大不便。而在时代的变迁中，这种环境的变化在某个时候是必定发生的。但各个帝国虽然像人类所有的其他创造物一样，迄今证明全都是要灭亡的，它们却总是想要永远存在下去的。所以，每一种想要和帝国一样永久的制度，不仅应当在某些特定的环境中是方便的，而且应当在所有的环境中都是方便的；或者说，不仅应当适合那些短暂的和偶然的环境，而且要适合必然的、因而总是相同的环境。

地租税随地租的变化而变化，即随着耕作的改善或懈怠而增减，这被法国的称自己为经济学派的那些学者推崇为最公平的赋税。他们认为，一切赋税最终都要落在土地地租上，因此对土地地租的课税应该平等。说所有的赋税应该尽可能平等地落在承担这些赋税的最终源泉上，这肯定是对的。但是他们用来支持自己的非常微妙的理论的，是形而上学的论证，我们不必进行这种令人不快的讨论，以下的评论足以说明，何种赋税最终出自地租，何种赋税最终出自其他资源。

在威尼斯境内，一切以租约形式交与农夫的可耕土地，都是从地租中征收1/10的税。租约要在各省或各地区赋税官所保管的公证记录中登记。如果地主自己耕地，其地租由官吏公平估价，并可以扣减税额的1/5，因此对这种土地地主只按所估价地租的8%而不是10%纳税。

这种土地税肯定比英格兰的土地税更加公平。但它或许没这么确定，而税额的评估也可能常常给地主带来很大的麻烦。它在征收上也可能要耗费更多的费用。

不过，也许可以设计一种管理制度，在很大程度上防止这种不确定和减少这种费用。

比如，可以规定地主和佃户必须共同在公家登记簿上登记他们的租约。如果有隐瞒或伪报出租条件的，可以处以适当的罚金；如果将罚金的一部分给予揭发或证实此情形的一方，那么就可以有效地防止地主和佃户合伙骗取公家的收入，而租约中的所有条件都可以从这种登记簿里完全了解到。

有些地主在重订租约时不是提高租金，而是收取续租费。这种行为一般是挥霍者的做法，他们为了获得一笔现金而放弃了价值要大得多的未来收入。所以，在大多数情况下，这种行为是有害于地主的。它常常有害于佃户，也总是有害于国家。它常常从佃户那里夺走那么大一部分资本，从而使他耕种土地的能力减少那么多，以致他最后只能支付一小笔地租，而他本来是可以支付更多的。凡是降低他的耕种能力的事情，必然使社会收入的最重要部分降低到它本来会有的水平以下。如果对这种续租费课以比普通地租税更重的税，就可能阻止这种有害的做法，这对所有有关各方，对地主、对佃户、对君主、对整个社会都有很大的好处。

有些租约向佃户规定整个租佃期间必须采用一定的耕种方式、轮种一定的作物。这种条件一般是由于地主自负有优越的知识(在大多数场合，这种自负是毫无根据的)所产生的结果，应该被看成一种额外的地租，只不过是用劳务支付，而不是用货币支付。为了阻止这种做法(这一般是愚蠢的做法)，对这种地租应该估值高一些，从而对它课的税比普通货币地租重一些。

有些地主不收取货币地租，而要求以谷物、牲畜、家禽、酒、油等实物支付地租；有些地主则要求以劳务支付地租。这种地租对佃户的害处总是多于对地主的好处。它们从前者那里收取的或者让他们损失的，总是比后者得到的更多。在每一个实行这种办法的国家，佃户总是穷困潦倒的，实行的程度越高，穷困就越严重。以同样的方式，对这种地租估价高一些，从而对它课的税比普通货币地租重一些，或许可以有效地阻止这种对整个社会有害的做法。

当地主亲自耕作一部分土地时，可以根据邻近的农户和地主的公正判断来估定地租的价值，并给予他适当的减税，只要他所占用的土地的地租不超过一定的数额，像在威尼斯境内所做的那样。重要的是应当鼓励地主耕种一部分自己的土地。他的资本一般比佃户大，技能虽较差，却常能提供更多的产物。地主有能力进行实验，一般也愿意进行实验。实验不成功只对他自己有不大的损失。实验成功，就能对整个国家的土地改良和良好耕种做出贡献。可是，重要的是，减税的幅度应该只鼓励他耕种一定限度的土地。如果大部分的地主被诱使去耕种他们的全部土地，那么，国家就会充满懒惰和浪费的地主管家(为自身利益而不得不在自己的资本和技术所允许的范围内尽力耕作的审慎和勤勉的佃户，将会被这些地主管家所代替)，他们胡乱的经营不久就会使耕种质量降低，使土地的年产量缩减，不仅使他们的主人收入减少，而且使整个社会最重要的那部分收入减少。上述这些管理制度或许能使这种赋税摆脱由于不确定性而给纳税人造成的压迫或不便，同时也可能在土地的日常经营中引进一种对全国的土地改良和耕作改善大有好处的计划或政策。

征收随地租变动而变动的土地税，其费用无疑会比征收固定标准的土地税的费用高一些。征收这种土地税需要在全国各地设置登记机构，有时候还要对地主自行耕种的土地进行评估，这两者都需要额外的支出。不过，这些费用并不算大：其他一些赋税的征收费用比这要多得多，还不能这么容易地带来这么多收入。

对这样一种可变土地税可能提出的最重要的反对理由，似乎是它会妨碍土地改良。君主对改良的支出没有做出贡献，却分享它的利润，地主肯定不会那么愿意进行改良。不过，这个问题或许可以这样来解决：在地主着手改良之前，允许他和税务官一起，根据双方平等选出的一定数目邻近农户和地主的公正判断，确定他的土地的实际价值，然后在一定年限内只按照这种评估课税，使其为改良所支出的费用可以完全得到补偿。这种土地税的一个主要好处就是可以使君主从只关心自己的收入的增长，转向关心土地的改良。因此，为补偿地主的支出所设定的年限只要能达此目的就好，不宜定得过长，以免君主因为利益太远而失去对改良的关心。可是，与其定得太短，不如定得长一些。君主再关心，也弥补不了地主们最小的灰心。君主关心，最多也只不过是对如何在他的大部分领土内促进改良进行泛泛的考虑，而地主关心，则会对如何最有利的使用他的地产上的每一寸土地进行具体的和仔细地考虑。君主应该关心的是用他权力范围内的一切手段，去鼓励地主和农夫；让他们用自己的方式、根据自己的判断去追求自己的利益；给予他们享受自己劳动的全部报酬以最完全的保障；并且，为了让他们的每一部分产物都获得最广阔的市场，在他自己领土内的每个地区建立最方便最安全的水陆交通，并确立最不受限制地向其他国家出口的自由。

如果这样的管理制度能使这种土地税不但不会阻碍土地改良，反而可以促进土地改良的话，那这种土地税就不会使地主感到什么不便了，要说有，那就是无可避免地纳税义务了。

不论社会的状况如何变化，不论农业是进步还是衰退，也不论白银价值和铸币标准如何变化，这样一种赋税不必政府加以关注就能很容易地自行适应实际情况，而且在所有的变动中保持公平和公正。因此，它比总是按照某种固定的评估来课征的土地税更适于作为一种永久的和不变的规定来建立，或者说作为所谓国家基本法来建立。

有些国家不是采用简单明了的登记租约的办法，而是采用对全国土地进行实际测量和评估这种费钱费力的办法。他们或许是担心，出租人和承租人为了诈取公共收入，可能联合起来，隐瞒租约的真实条件。《英格兰土地勘查记录书》似乎就是这种非常准确的测量的结果。

在古代的普鲁士王国，土地税是按实际测量和评估结果课征的，但隔一段时间这种结果就要重新评定。根据这种评估，世俗地主按收入的20%—25%纳税，教士按40%—45%纳税。西里西亚土地的测量和评估是按照当今国王的命令进行的，据说十分精确。根据这种评估，布勒斯洛的主教的土地按地租的25%课税，新旧两教的教士的土地按地租的50%课税；条顿骑士团采邑和马耳他骑士团采邑按40%课税，贵族保有地按38.33%课税，平民保有地则为35.33%。

波希米亚的土地测量和评估工作据说进行了100多年，直到1748年的和平之后，根据现今女王的命令才得以完成。米兰公国的测量从查理六世的时候开始，直到1760年之后才完成。这次测量被誉为前所未有的精准测量。萨沃伊和皮德蒙特的测量则是在已故的萨迪尼亚国王的时代就开始了。

在普鲁士王国，对教会收入课税比对世俗地主课税高得多。教会的收入大部分来自土地的地租，但他们的收入很少用于土地改良，或用来在任何方面对增加人民大众的收入做出贡献。普鲁士国王或许因此认为，教会对国家的紧急费用承担得更多一些是合理的。但在有些国家，教会土地是免缴一切赋税的。在另一些国家，对教会土地的课税则比其他土地轻得多。在1575年以前，米兰公国的教会土地就只按其价值的1/3纳税。

在西里西亚，向贵族保有地征收的税比向平民保有地征收的税要高出3%。这种差异或许是由于普鲁士国王觉得，前者既然享有种种荣誉和特权，就可以抵偿他略高的赋税负担，同时后者的卑微屈辱也可以由减轻赋税负担得到几分缓解。而在其他国家，赋税制度不是减轻，而是加重这种不平等。在萨尼迪亚国王的领地，以及在法国征收所谓贡赋的各省，其赋税全由平民保有地负担，贵族保有地反而可以得到豁免。按照全面的测量和估价而征收的土地税，不管在起初是多么平等，实行不了多久之后也必然变得不平等。为了防止它变成这样，政府不得不对国内每个农场的状态和产量的所有变化费神加以持续的关注。普鲁士、波希米亚、萨迪尼亚和米兰公国的政府都曾不得不这样做。这种关注与政府的性质非常不相符，因此不可能持续很长时间，即使持续下去了，它给纳税者带来的麻烦和困扰可能也多于它给他们带来的帮助。

1666年，蒙托班课税区所征收的贡税据说是以极精确的测量及评估为准的。到1727年，这种评估已变得完全不公平了。为解决这个问题，政府除了对全区追加征收12万利弗的附加税之外，再也找不出其他较好的办法。按规定这项附加税应针对一切依照旧标准征收贡税的税区征收，但事实上只向依照旧标准课税过低的地区征收，并以此补贴依照旧标准课税过高的地区。比如，两个地区，一个按实际情况应缴纳900利弗，另一个按实际情况应缴纳1100利弗，但按旧的标准，二者都是缴纳1000利弗。在征收附加税后，两者的税额本应都是1100利弗，但这种附加税只向课税过低的地区即后一地区征收，而前一地区则得此补偿，只需缴纳900利弗。政府从附加税上既无所得也无损失，这种税完全只是用来补救因旧评估所产生的不平等。不过这种办法的使用多是依据税区行政长官的命令，因而在很大程度上一定是独断专行的。

**不与地租成比例而与土地产物成比例的土地税**

对土地产物课征的赋税实际上就是对地租课征的赋税，这种税虽然最初是由农民垫付，但最终仍由地主负担。当一定比例的农产品被作为赋税支付时，农民必定尽可能地计算出这一部分产物在当年的价值，然后从同意付给地主的地租中扣除相应的数目。没有一个农民不预先计算支付给教会的什一税(什一税就是以农产品支付的)在当年的价值是多少。

什一税，以及每一种其他的这类土地税，从表面看似乎十分公平，实际上却非常不公平。在不同的条件下，一定比例的农产品在地租中所占的比例非常不同。在某些非常肥沃的土地上，产量很大，其中一半就能补偿农民在耕作中使用的资本和一般利润。另一半产物，或者说另一半产物的价值(二者是一回事)，如果没有什一税，他就可以支付给地主作为地租。如果他的产物被拿走1/10作为什一税，那他就一定会要求减少地租的1/5，否则他就无法收回资本连同普通利润。在这种情况下，地主的地租就不是全部产物的一半或5/10，而是4/10。与之相反，在比较贫瘠的土地上，土地的产量有时很小，而耕种费用很高，农民要用全部产物的4/5才能补偿耕种资本和一般利润。在这种场合，即使没有什一税，地主得到的地租也只不过是全部产物的1/5或2/10。但如果农民再用全部产物的1/10来缴纳什一税，而且要求从地租中扣除相同的数额，那地主所得就只剩下全部产物的1/10了。也就是说，在肥沃的土地的地租中，什一税有时只抽取1/5，或每镑4先令；而在贫瘠的土地的地租上，什一税有时要抽取1/2，或每镑10先令。

由于什一税通常是一种对地租课征的非常不公平的赋税，所以它是对地主改良土地和农民耕种土地的一大挫抑。当教会不负担改良和生产费用的任何部分，却要分享利润的如此大的份额之时，地主不会去进行最重要但也是最费钱的改良，农民也不会去生产最有价值但也是最费钱的谷物。由于什一税，茜草的栽培在长时期内仅限于荷兰联邦，那是一个长老制教会国家，没有这种破坏性的赋税，它在欧洲独占了这种有用的染料的生产。最近英格兰也开始栽培茜草了，那是因为议会法律规定，种植茜草每亩只纳税5先令，以代替什一税。

正如欧洲大部分地区的教会一样，亚洲许多国家的主要收入都依靠征收不与土地地租成比例而与土地产物成比例的土地税。在中国，君主的收入主要由国家全部土地产物的1/10构成。不过，对这所谓的1/10所做的估计是相当宽松的，据说在许多省份其实不超过一般产物的1/30。印度在英格兰东印度公司统治以前，孟加拉政府所征收的土地税据说大约为土地产物的1/5。古代埃及的土地税据说也是1/5。

亚洲的这种土地税使亚洲的君主们都关心土地的耕作及改良。中国的君主、孟加拉君主以及古代埃及的君主据说都十分留意建设和维护公路及运河，以便为每一部分土地产物提供自己国内所能提供的最广大的市场，尽可能地增加它们的数量和价值。而教会的什一税要分成许多小部分，每一部分的所有人没有一个会有这样的兴趣。教区的牧师决不会发现修建通向国内偏远地区的道路和运河以扩大他自己教区产物的市场会对他有什么好处。因此，如果这种赋税用来维持国家，它所带来的某些益处尚可在某种程度上抵消其所带来的不便；若用它来维持教会，那么除了不便以外，根本就没什么益处可言。

向土地产物课征的赋税，可以征收实物，也可以按一定的估价收取货币。

教区牧师或住在自己田庄里的小产业绅士，或许会觉得以实物来收取什一税或地租更好。收取的数量不多，针对的区域又小，他们可以亲自监督收取的落实。而一个住在大都市的大产业主，如果他的位于遥远省份的地产的地租也以实物来收取，他就可能因为他的代办人或代理人的玩忽职守——更可能的是欺骗——而遭受损失。君主由于他的征税人员的营私舞弊和巧取豪夺而遭受的损失当然要大得多。最疏忽大意的私人产业主也比最小心谨慎的君主更能监管到他的仆人；公共收入如果以实物来收取，那最后收到国库的肯定会由于税吏的乱来而只占人民所缴纳的一小部分。然而，中国的一部分公共收入，据说就是这样征收的。官员和税吏无疑感到继续实行这种纳税方式对他们有好处，因为征收实物比征收货币更容易舞弊。

如果土地产物税以货币缴纳，可以按照随市场价格变动而调整估价，也可以保持一种固定的估价，例如对每一蒲式耳小麦总是按同一货币价格估价，无论市场状况如何。按照第一种方式征收的税额，随耕作的改良或懈怠对土地实际产物的影响而变动；按第二种方法所征收的税额，就不但随土地产物的变动而变动，而且会随贵金属价值的变动以及同一面额的铸币在不同的时代所含贵金属数量的变动而变动。因此，第一种方法征收的税额和土地实际产物的价值总是保持着相同的比例，而第二种方法所征收的税额与土地实际产物的比例在不同的时期会非常不同。

不用一定比例的土地产物或一定比例土地产物的价格，而用一定数量的货币，来代替所有土地税或什一税，那就是英格兰收取土地税的做法。这种税，既不会随土地地租的变化而变化，也不会鼓励或妨碍土地改良。许多教区不以实物而以货币征收什一税，就是这种做法。在孟加拉政府治下，印度大部分地区据说是以相当低的货币额来代替向农产品征收1/5的实物。此后，东印度公司的某些人员借口把公共收入恢复到它应有的价值，在一些省份中把货币付税改为实物支付。可是，在他们的管理下，这种改变既挫抑了耕作，又使公共收入的征收上出现了新的舞弊机会，结果据说赋税收入大大低于他们接管时的水平。公司人员或许从这种改变中得到了好处，但这是以牺牲他们主人的利益和牺牲那个国家的利益为代价的。

**房租税**

房屋的租金可以分成两部分：一部分可称为建筑物租金，另一

部分一般称为地皮租金。

建筑物租金是建筑房屋时所投入的资本的利息或利润。为了使建筑商和其他行业的人处于同一水平上，这种建筑物租金就必须能够：第一，给予他相当于将资本在有良好保障的情况下贷出时所能得到的利息；第二，使房屋经常保持维修。换句话说，就是要能够使他在一定的年限内收回其建筑房屋所投入的资本。因此，各地的建筑物租金或建筑资本的普通利润，就总是受到货币的普通利息的影响。在市场利率为4%的地方，房屋租金在除去地皮租金之后如果还能提供全部建筑费用的6%或6.5%，那或许就可以为建筑人提供足够的利润。在市场利率为5%的地方，或许就需要提供7%或7.5%。如果建筑商的利润大大超过与市场利率的这种比例，其他行业上的资本有很多就会被吸引到建筑业来，使它的利润降到应有的水平。如果建筑商的利润大大低于这种比例，该行业的资本有很多就会转移到其他行业去，直至建筑业的利润重新上升到原来的水平。

全部房租中在提供了这种合理利润之后的部分，自然归作地皮租金；如果地皮所有人和房屋所有人是两个人，在大多数情况下，这部分要全部付给前者。这部分租金是房屋居住者为房屋地理位置给其带来的某种真实的或想象的利益而付出的价钱。在远离大都市、可供选用的建筑用地很多的乡村，房屋的地皮租金几乎等于零，或者不超过将地皮用于农业时的租金。大城市附近的郊区别墅，地皮租金有时就高昂得多，那里位置的便利和环境的优美常常可以得到很好的报偿。地皮租金最高的地方一般是首都城市，尤其是这种城市里对房屋的需求最大的特殊地段，不管这种需求的原因是什么，是为了贸易和营业，为了娱乐或社交，还是只为了虚荣和时髦。

如果由住户按照全部房屋租金的一定比例支付房租税，建筑物租金一般不会因此受影响，至少从长期来看是如此。因为，建筑商如果得不到合理利润，他就不得不离开这个行业，而这样一来，就会提高市场对房屋的需求，并很快使建筑商的利润回到与其他行业的同一水平。这种房租税也不会完全落在地皮租金上面；它会被分为两个部分，一部分由住户负担，一部分由地皮所有人负担。

比如，假定有一个人认为他每年能支付60英镑的房租，又假定，加在房租上由住户负担的房租税为每英镑4先令，或全部租金的1/5。在这种情况下，一所租金60英镑的房屋每年需费他72英镑，比他设想自己能出得起的多出12英镑。因此，他将愿意住差一点的房子或租金为一年50英镑的房子，这50英镑再加上必须支付的10英镑房租税，就是他认为自己每年所能负担的60英镑。因为要付税，他将不得不放弃房租高10英镑的房子所能提供的一部分特殊便利。之所以说是一部分特殊便利，是因为他不会被迫放弃全部——他会租到一所在没有房租税时以50英镑租不到的好房子。因为，房租税既然排除了他对年租60英镑房子的竞争，减少了这一价位的房子的竞争者，也就会减少年租50英镑的房子的竞争者，依此类推，除了租金最低且无可再减的房子会在一定时间里增加竞争者以外，其他一切房屋的竞争者都会同样减少。但是，如果一种房屋的竞争者减少了，其租金必然或多或少的下降。而由于这种下降至少从长期来看不会影响到建筑物租金，它最后必然落在地皮租金上。因此，这种赋税的最终支付会部分地落在住户身上，他为了支付自己的份额，不得不放弃自己的一部分便利；部分地落在地皮所有人身上，他为了支付自己的份额，不得不放弃自己的一部分收入。至于他们两者间最终以什么比例来分担这一支付，或许不是很容易确定的。在不同的情况下，这种分担的比例会非常不同，根据这些不同的情况，这种赋税也会对房屋住户和地皮所有人产生非常不同的影响。

这种税落在不同的地皮租金所有人身上的不平等，完全是上述分担比例的偶然不平等造成的。但它落在不同的房屋住户身上的不平等，则除此以外还有其他原因。房租支出在全部生活费中的比例，在财产不同的人那里是不同的。一般说来，在财产多的人那里这个比例高，在财产少的人那里这个比例低。生活必需品是穷人最大的支出。他们经常难以获得食物，所以他们微薄收入中的绝大部分都用在食物上。富人的主要支出则是用在生活奢侈品和装饰品上，而一所华丽的住宅又最能衬托和陈列他们所拥有的奢侈品和装饰品。因此，富人所负担的房租税一般最重，房租税与生活费的比例也是最大。不过这种不平等或许并没有什么不合理。富人不仅应当按照他们收入的比例对公共开支做出贡献，而且应当在这个比例之上再多贡献一些。理应如此。

房屋租金虽然有某些方面与土地地租相似，但有一个方面是根本的不同。土地地租是为使用一种有生产力的东西而支付的费用。支付地租的土地上就能产出这种费用。房屋租金是为使用一种没有生产力的东西而支付的费用。房屋或房屋占用的地皮都不产出什么东西。因此，支付租金的人必须从其他与房屋毫不相关的收入来源中提取所需的金钱。只要房租税需要由住户承担，它的来源一定和房租本身的来源相同，由他们用收入来支付，不管这收入是劳动工资、资本利润还是土地地租。只要房租税由住户负担，它就是这样一种税，即不单独课于某一种收入来源，而是无区别地课于所有这三种收入来源，它从任何方面看都和其他消费品税具有相同的性质。一般说来，或许没有哪一种开销或消费比房租更能反映一个人到底是奢侈还是勤俭。对这种特殊支出项目按比例课税所得收入，也许在欧洲各地迄今都高于对其他支出项目课税所得的收入。不过，这种税如果太高，大多数人会尽力避免，满足于较小的住房，并把大多数支出转移到其他方面。

如果采用确定普通地租所必要的那种政策，对房租也可以很容易地予以准确的确定。没有人居住的房屋不应该课税。对这种房屋课税，税金就要全部由房屋所有者承担，这样他就是为一种既不为他提供便利也不为他提供收入的东西纳税。如果所有者自己居住，那就不应该按照他的建房费用课税，而应按他的房屋如果出租时的租金课税，租金的数目须公平裁定。如果按照他们的建房费用课税，那么每英镑3先令或4先令的税再加上其他赋税，就会使这个国家——我相信，在所有文明国家都是一样——几乎所有的富人和大家族都破产。只要留心考察过本国某些最富有的大家族在城市里的住宅及乡下别墅，就会发现，如果按照这些住宅最初建筑费用的6.5%或7%课税，他们要交的房租就差不多抵得上他们在其地产上收到的全部净租金。诚然，他们建造房屋的费用是连续几代人的积累支出，增添的都是豪华漂亮的部分，但是，与他们投入的资金相比，其交换价值（或者出租价值）小得多。

与房租相比，地皮租金是更合适的课税对象。对地皮租金课税不会抬高房屋租金。它会完全落到地皮所有者身上，他们总是像垄断者那样行事，向使用他的地皮的人要求他能得到的最大租金。地皮能收到多少租金，取决于竞争者的贫富程度，换言之，取决于竞争者能够出多少资金来满足他对某一特殊地点的爱好。在每一个国家，大都市里的富人竞争者总是最多的，所以那里的地皮租金也总是最高的。由于竞争者的财富不会因为地皮租金税而有任何增加，所以他们也不会愿意为使用地皮而出更多的钱(即这部分租金税)。地皮租金税是由住户垫付，还是由地皮所有者垫付，这不重要。住户如果为地皮租交了税，就会想办法少交地皮租，所以最后支付地皮租金税的人仍然是地皮所有者。无人居住的房屋的地皮租也不应该课税。

在许多场合，地皮租金及其他普通地租都是所有者不需要劳神费力便可获得的收入。虽然要从这种收入中拿走一部分供国家开支，也不会对任何产业产生妨害。对地皮租金课税以后，土地和社会劳动的年产物、人民群众的真实财富和收入都不会跟之前有什么不同。因此，地皮租金和其他普通地租可能是最适合于负担特殊赋税的收入。

在这点上，地皮租金甚至比普通地租更适于负担特殊赋税。在许多场合，普通地租至少要部分地归因于地主的重视和经营。一项过重的赋税就将挫抑这种重视和经营。而地皮租金，就其超过普通地租而言，完全是因为君主的良好治理。君主的治理保护了全体人民的或者某一特定地方居民的产业，使他们能为其住房所占地皮支付大大超过其实际价值的租金，或者说使这些地皮所有者能够获得的报酬大大超过其地皮被人使用所遭受的损失。对那些借助国家良好的管理而存在的资源课以特殊的赋税，或让这种资源比其他资源对政府的开支做出更大的贡献，那是再合理不过的。

虽然欧洲有许多国家对房屋租金征税，但就我所知，没有一个国家是把地皮租金看成一个单独的征税对象的。那些赋税设计人或许感到，要确定房租中哪一部分属于地皮租金，哪一部分属于建筑物租金，不免有些困难。然而，真的要把它们彼此区分开来，毕竟不是非常困难的事情。

在英国，根据所谓的年土地税法，房屋租金和土地地租按相同的比例课税。各教区和各地区征收房租税所依据的征税估价也总是不变。这种估价最初就是非常不平等的，现在也仍然如此。在王国的大部分地区，对房租征收的税仍比对地租征收的税轻。只有少数几个地区，原来税率很高，房屋租金又大为下降，地租税(每英镑3先令或4先令)据说才和实际房租的课税比例相同。无人租用的房屋虽然根据法律也要纳税，但在大多数地区，却由于估税员的好意而得到免除。这种免除有时会引起某些房屋税率的微小变动，虽然全区房屋的税率总是一样的。由于新建筑物和房屋修理等原因造成房租提高，而房租税没有增加，也导致了某些房租税率的进一步变动。

荷兰的所有房屋一律按其价值课税2.5%，不管实际的房租是多少，也不管是否有人租住。强迫房主为其并没有出租、因而得不到收入的房屋纳税，而且是这么重的税，未免苛刻。在荷兰，市场利息率不超过3%，对房屋按照其全部价值课征2.5%的税，在大多数场合就要达到建筑物租金的1/3以上，或许是全部租金的1/3以上。当然，他们对房屋的估价虽然非常不平等，但据说总是低于实际价值的。当房屋改建、修缮或扩大时，要重新进行估价，并按新值课税。

英格兰每个时代房屋税的设计者似乎都觉得，要非常准确地评定每间房屋的实际房租是非常困难的。因此，他们按照某些可见的条件来规定税额，他们或许认为，在大多数场合，这些条件同租金保持某种比例。

第一种这样的税是炉捐，也就是每个火炉课税2先令。为了确定屋子里有多少个炉子，收税的官员就必须进入每一个房间。这种讨厌的造访也让这种税变得让人讨厌。所以，在革命后不久，这种税被作为奴隶制度的标志而废除了。

第二种这样的税是对每所住宅课税2先令。有10扇窗的房屋要多缴4先令。有20扇窗或20扇窗以上的房屋要多缴8先令。这项赋税后来改成，20—30扇窗的房屋课税10先令，30扇窗以上的房屋课税20先令。窗户的数目在大多数情况下可以从外面清数，根本不必进入房屋的每个房间。因此，这种税的收税员造访，就没有炉捐收税员那么令人不快。

这种税后来也被废止，而代之以窗税，它也经历了几次改变和增加。现在(1775年1月)实行的窗税，是在英格兰每栋房子课税3先令、苏格兰每栋房子课税1先令以外，再对每个窗户课税，在英格兰，税率逐渐从不到7扇窗户的房屋最低缴纳2便士的税，上升到有25扇窗户甚至更多窗户的房屋最高缴纳2先令的税。

所有这类赋税遭到反对的主要原因是它们不平等，而且是一种最坏的不平等，因为它们给穷人施加的负担常常比给富人施加的更重。一所在乡村市镇上以10英镑出租的房屋，有时比一所在伦敦以500英镑出租的房屋有更多的窗户；虽然前者的住户可能比后者的住户穷得多，但就他要按窗税的规定纳税而言，他必须对国家开支做出更多的贡献。因此，这种税是直接违反上述四个原则中的第一个原则的。不过，看起来并没有与其他三条原则发生矛盾。

窗税及其他所有向房屋课征的赋税，应该都自然具有降低房租的倾向。很显然，一个人付税越多，他所能支付的房租就越少。不过，据我所知，英国自课征窗税以来，各地的房屋租金基本上或多或少都有所上升。这是因为各地房屋的需求在不断增加，并推动房租的提高，这种影响程度要大于窗税使房租降低的程度；这也可以表明国家繁荣，居民收入在增长。如果没有窗税，房租也许会增加得更多。

### 第二项　利润税或资本收入税

由资本产生的收入或利润分为两个部分：其一是用来支付资本利息的部分，这属于资本所有者；其二是支付利息之后的剩余部分。

利润的后一部分显然不能是直接课税的对象。它是对使用资本的风险和麻烦的补偿，而且在大多数场合只不过是非常微薄的补偿。资本使用者必须得到这补偿，否则他就不能继续使用资本为自己谋利。因此，如果按他的全部利润的比例直接课税，他就不得不提高他的利润率，或将这种负担转嫁到资本利息上，也就是说少付利息。如果他按照纳税的比例提高利润率，那么，虽然这些税款由他垫付，但结果还是要按照他所经营的资本的投资使用方式，由以下两类人中的一种来承担：如果他将其用作农业资本来耕种土地，他只能通过保留更大比例的土地产物(或者说更大比例的土地产物的价格)来提高利润率，而要这样做就只能靠减少地租，所以最终支付此税的就会是地主；如果他将资本用于商业或制造业，他就只能通过提高货物价格来提高利润率，在这种情况下，最终支付此税的就会是消费者。如果他没有提高他的利润率，他就不得不将此税全部转嫁到利润中用作资本利息的那部分之上。他只能向所借资本支付较少的利息，在这种情况下此税最后就会全部由资本利息来负担。反正，他不是用这种方法使自己免于付税，就是用那种方法使自己免于付税。

资本利息乍看起来似乎是和土地地租一样能直接课税的对象。像土地地租一样，资本利息也是扣除对投资风险与麻烦的全部补偿以后的净产物。地租税不能抬高地租，因为土地的净产物在补偿了农夫的资本和合理利润之后，不管课不课税都是剩下这么多，农夫没有更多的产物去增加支付地租；同理，资本利息税也不会抬高利息率。可以认为，一国资本或货币的数量，像土地的数量一样，在税前税后是保持不变的。本书第一篇说过，普通利润率是由可供使用的资本量和投资途径的多少(或者说必须使用资本的业务量)之间的比例决定的，而投资途径的多少不会由于对资本利息课税而增多或减少。所以，可用资本的数量不会因此税而减少，投资途径也不因此减少，那普通利润率必然保持不变。普通利润率保持不变，投资的风险和麻烦也会保持不变，利润中补偿资本使用者的风险和麻烦的那部分也会保持不变。因此，支付资本利息、属于资本所有者的那一部分余额，也必然保持不变。课税对利润率和利息率都不会有影响。所以说，乍看起来，资本利息也像土地地租一样，似乎是适于直接课税的对象。

可是，有两种不同的情况，使得资本利息远不及土地地租那样适于作为直接课税的对象。

第一，一个人拥有的土地的数量和价值不可能是秘密，总是可以确知的。但一个人拥有的资本的总数几乎总是一个秘密，很难准确地予以确定，而且，资本额几乎总是不断变化的。在一年之中，常常是在一个月之中，有时是在一天之中，它都或多或少地有增有减。为了向一个人课税而去调查他的私人情况，监视他的财产的变动，会给他带来他不能忍受的无休止的困扰。

第二，土地是无法移动的，而资本却容易转移。土地所有者必然是其土地所在国的公民。资本所有者则可以是一个世界公民，无须专属于一个特定的国家。如果一个国家为了向他征收重税而调查他的财产，烦他，他可能会放弃这个国家，而将资本转移到另一个国家，只要他在那里能更轻松地经营业务或享受财富。通过转移资本，他可能会终止他在原来那个国家所经营的一切产业。资本耕作土地，资本也雇用劳动者。一个国家的赋税如果会把国内的资本赶走，那君主和社会的收入源泉也会枯竭。不仅资本的利润，而且土地的地租和劳动的工资，都必然因资本的转移而或多或少地有所减少。

因此，试图对资本收入课税的国家，都不是采用这种严格的调查方法，而是不得不满足于采用某种非常宽松的、因而多少有点随意的估算方法。用这种方式估征赋税的不平等和不确定，只能用税额的轻微作为补偿，因此，每一个人都发现自己纳税的税率大大低于他的实际收入，以至于即使他的邻居比他纳税低一些他也不介意了。

按照英格兰的所谓土地税法，资本应和土地按同一比例课税。当土地课税为每英镑4先令或推定地租的1/5的时候，资本课税也应为推定利息的1/5。当现行的年土地税刚刚实施的时候，法定利息率为6%。因此，每百英镑资本应该课税24先令，也就是6英镑的1/5。自从法定利息率降至5%以来，每百英镑资本应该只课税20先令。土地税所征收的税额由乡村和一些主要城市分摊，其中大部分来自乡村，而城市负担的部分主要来自房租税。而城市里除房租税以外的其余部分，即对商业资本课征的部分(因为不打算对城市里投入到土地上的资本课税)，远低于这些商业资本的实际价值。因此，不论最初的评估可能是多么不平等，城市里也没有起什么骚乱。每个教区和地区仍然按最初的评估来对它的土地、房屋和资本课税，而国家的普遍繁荣在大多数地方都使这些东西的价值大为上升，因此这种不平等现在就更无关紧要了。而且，既然税率不变，那么向个人资本课税时的不确定性也大为降低，就像它也变得不重要了一样。如果说英格兰的大部分土地只是按照其实际价值的一半来课征土地税的，那么，英格兰的大部分资本或许就只是按照其实际价值的

1/50来课税的。在有些城市，甚至所有的土地税都向房屋课征，而商业资本则免征，比如威斯敏斯特。伦敦当然是另一回事。

在所有的国家，对私人情况的严格调查都是被小心避免的。

在汉堡，每个居民都必须为其所有的财产向政府缴纳2.5‰的税；由于汉堡人民的财产主要是资本，所以，这项税可以看作一种资本税。他们每一个人自己估税，然后当着地方长官的面，将本年应缴的税额投入公库，并宣誓这是他所有财产的2.5‰，但并不需要宣布数额，也不就此事接受任何核查。一般认为，这种税的缴纳是十分忠实的。在一个小共和国，人民如果完全信赖官员，深信有必要为维持政府而纳税，并且相信税款会被忠实地用于此目的，这种凭良心自愿纳税的办法有时候是行得通的。这不仅仅限于汉堡人民。

瑞士的翁德沃尔德州常常遭受暴风和洪水的灾害，因而常需筹集临时支出。遇到这种情况，那里的人民就聚集起来，非常坦白地宣布其财产数额，然后据此纳税。在苏黎世，法律规定，在必要的情况下，每一个人要按照他的收入的比例纳税，而他的收入总额他必须宣布并起誓。据说，他们毫不怀疑他们的任何同胞会欺骗他们。在巴塞尔，州政府的收入主要来自对出口货物课征的小额关税。所有的市民都宣誓他们会3个月缴纳一次按法律规定他们应缴的税款。对所有的商人，甚至对所有的旅馆主人，政府都放心地让他们自己登记在境内外出售的货物，每过3个月就让他们自己把记录单(在记录单的下端算出税额)送交财务官。没有人怀疑政府收入会因为这种信任而受到损失。

责成每一个公民公开宣布自己的财产数并起誓，在瑞士的这些州似乎不算是一件困难的事情，但在汉堡这就太难了。因为，从事冒险投机的商业计划的商人都害怕暴露自己财产的真实状况。他们似乎预见到，这样做的结果，常常是信用的破产和计划的失败。而从来不从事这类冒险事业的谨慎和节约的人民却不会感到他们有做出这种隐瞒的必要。

在荷兰，奥伦治王子就任总督后不久，对每个公民的全部财产课征2%的税，即所谓50便士取 1 。每个公民自行估税，按与汉堡相同的方式付税，一般认为，他们纳税的时候也很诚实。因为当时的人民对他们刚通过全面起义而建立起来的新政府极为爱戴。这种税只征收了一次，用以缓解国家的燃眉之急。确实，如果它长期征收，那就太重了。在一个市场利率很少超过3%的国家里，2%的赋税已经超过了一般从资本所得的最高净收入。几乎没有人可以在缴纳该税的同时还保持其资本不受侵蚀。在紧要关头，人民出于爱国热情，可以付出巨大努力，甚至牺牲一部分资本，去挽救国家。但他们不可能在长时期内老是这样做，如果他们这样做的话，这种税将使他们倾家荡产，那时候再想去支持国家也无能为力了。

英格兰按照土地税法案对资本课征的赋税，虽然与资本成比例，却并没有要减少或剥夺任何资本的意思。它只是想要成为一种按与土地地租税相同的比例对资本利息课征的赋税，所以，当地租税是每镑 4 先令的时候，资本利息税也是每镑 4 先令。汉堡的税，还有翁德沃尔德和苏黎世的更轻的税，用意也同样不是对资本课税，而是对资本的利息或净收入课税。荷兰的税的用意则是向资本课税。

**特定用途资本的利润税**

在一些国家，政府有时候会对用在某些特定的商业部门上的资本征收特别的资本利润税，有时候会对用在农业上的资本征收特别的利润税。

在英格兰，向小贩和货郎课征的税，向出租马车和黄包车课征的税，还有酒店老板为取得麦酒及火酒的零售执照所缴纳的税，都属于前一类税。在上次战争中，有人提议对商店也征收这种税，提议的人说，进行这次战争是为了保卫国家的贸易，从中受益的商人理应负担一些战争费用。

不过，向特定商业部门征收的资本利润税最终都不是由商人负担(在一般情况下他们必须有合理利润，并且，在自由竞争的地方，他们的所得也很少能超过合理利润)，而是由消费者负担。消费者必然要在商品价格中支付商人垫支的赋税，而且一般要超出一些。

当这种税与商人的营业量成比例时，它最终由消费者支付，且对商人没什么影响。但当它不与营业量成比例，而是对所有的商人按同样的数额课征时，虽然最后也是由消费者支付，却会对大商人有利，对小商人造成一些压迫。对每辆出租马车每星期课税5先令，对每辆黄包车每年课税10先令，当它们各自的业主垫付税款时，税额是与他们各自的业务范围和业务量成比例的。这样课税既不会对大业主有利，也不会对小业主造成压迫。而麦酒贩卖执照每年课税20先令，火酒贩卖执照每年课税40先令，葡萄酒贩卖执照每年课税80先令，对所有零售商都是一样，必然使大商人得到好处，而给小商人造成压迫。前者会比后者更容易从其货款里找回所垫支的税款。但是，税额的轻微使得这种不平等不是那么重要，并且在许多人看来，挫抑一下小酒店的增多也没有什么不合适的。对商店课税本来是打算大小商店一律相同的，而且似乎只能是这样。如果要按商店的营业范围和营业量的比例课税，就得进行一个自由国家的人民完全不能接受的调查。另一方面，如果税课得有点重，就会对小商人造成压迫，致使几乎所有零售业都落入大商人的手中。大商人一旦建立了垄断权，就会像其他行业的垄断者一样联合起来提高他们的利润，使增加的利润大大超过需要缴纳的税金。这样的话，最终支付商店税的就不是商店主，而是消费者，而且消费者增加支付的不止这税，还要支付更多。由于这些原因，商店税就被抛在了一边，而代之以1759年的补助税。

法兰西的所谓个人贡税(taille)，或许是欧洲所有地区对农业资本的利润课征的最重要的赋税。

在昔日欧洲封建政体盛行的混乱状态下，君主不得不满足于仅对无力拒绝纳税的弱小人民课税。大领主虽然愿意在紧急状况下助君主一臂之力，却拒绝缴纳任何经常性的赋税，君主也无法强迫他们。最初，占据着欧洲的土地的人大部分是农奴，在大部分欧洲国家，这些人后来都逐渐得到了解放。他们中的一部分人获得了地产的财产权，以贱民条件保有土地，有时归君主管，有时归其他大领主管，像古代英格兰依据官册享有土地的人一样。其他没有获得土地的人，则从他们的领主手里获得了对他们自己所占用的土地的一定年限的租地权，这样他们也不那么依附于其领主了。大领主们看到这些下层人民繁荣和独立起来，既恼火又鄙夷，因而乐得同意君主向他们征收赋税。在某些国家里，这种税的对象只限于那些以贱民条件保有的土地，在这种情况下，可以说这种税就是不动产的贡税。已故的萨迪尼亚国王设立的土地税，在朗格多克、普罗旺斯、多菲那和布列塔尼各省，在蒙托班课税区，在阿让和康顿选举区，以及在法兰西某些其他地区课征的贡税，就是对以贱民条件保有的土地课征的赋税。而在其他地区，这种赋税是向那些租用他人土地的人所获得的预计利润征收的，而不考虑土地的保有条件如何。在这种情况下，这种税可以说是个人的贡税。在法兰西大部分称为“选举区”的省份，贡税就是这一种。不动产的贡税只对一国的部分土地课征，因此必然是一种不平等的税，但它的征收并不总是武断随意的，虽然在某些场合也难免。个人的贡税是打算根据某一阶层人民的利润按比例课征，而这种利润的大小只能进行推测，所以必然既是武断随意的，又是不平等的。

在法国，每年向20个

课税区(称为选举区)课征的个人贡税目前(1775年)最多的达到了40107239利弗16苏。各省分摊这种赋税的比例每年都有变化，依枢密院所收到的关于各省作物丰歉程度以及其他可影响它们各自的纳税能力的情况的报告而定。每一课税区又分为若干小选举区，对全区课征的税收总额在各小选举区之间的分配也是一年与一年不同，依向枢密院提出的关于各自能力的报告而定。但即使枢密院有最好的意愿，也不可能使根据这种报告作出的估税额与课税省份或地区的真实能力准确地相符合。无知和误报总是会或多或少地误导即使是最正直的枢密院。一个教区对整个选举区课税额所应分担的比例，每个人对所属教区课税额所应分担的比例，也是按照不同的条件状况每年都有所不同。在前一场合，这种条件状况由选举区的税务官判定，在后一场合，由教区的税务官判定，这两者都或多或少地受到省长的指导和影响。常常误导这些收税人的，不仅是无知和误报，而且有友情、党派纷争和私人恩怨。很显然，在税额评定以前，任何纳税人都不能确知他要纳多少税。甚至在经过评定之后，他还会不敢确定。如果有任何应当免税的人被课税，如果有任何人被课的税超过他应纳的比例，虽然他当时必须付税，但如果他们提出申诉，并申诉得有理，那么下一年全教区便会追加征收一个附加税额来补偿他们。如果有任何纳税者破产或无支付能力，收税员就必须代他付税，而下一年整个教区也会追加征收一个附加税额来补偿收税员。如果收税员自己也破产了，那选举他的教区必须就他的行为对选举区的总收税官负责。但是，由于总收税官对整个教区提起诉讼是件麻烦的事，所以他会在那个教区中选定五六个最富的人，让他们补偿收税员无力支付的损失，然后再对全教区追加征收以补偿这五六个人。这些追征税就是除了当年的贡税之外还要多收的赋税。

当向某种商业部门的利润课征一种赋税时，商人们都会注意避免使上市的货物过多，这样可以确保销售价格足够偿还他们事先所垫付的税款。有些人从这种生意中抽回自己的一部分资本，于是市场的供应比以前少，货物的价格上升，赋税的最后支付就落在消费者身上。但当赋税课征在农业资本的利润之上时，农民抽回一部分资本是不符合自己的利益的。每个农民占用一定数量的土地，并为此支付地租。为了耕种这些土地，必须有一定数量的资本，而抽回这种资本的任何一部分，都会影响农民支付地租或者赋税。为了缴纳赋税，减少产量，从而减少市场供应，这绝不符合他的利益。因此，这种赋税不能使他提高自己产物的价格，将最后的支付推给消费者而使自己得到补偿。可是，农民也像其他商人一样，必须得到自己的合理利润，否则他就不得不放弃这个行业。在课征此种赋税之后，他只有向地主少付地租才能得到他的合理利润。他必须缴纳的赋税越多，他能提供的地租就越少。如果在租约有效期间课征这种赋税，无疑可能使农民陷入困境甚至破产。在重订租约时，赋税必然落到地主身上。

在课征个人贡税的国家，农民所纳的税通常与他在耕作时所使用的资本成比例。因此，他常常不敢拥有良马好牛，而是尽量使用那些最差、价值最低的农具去耕种土地。他一般不信任估税员的公正，担心税课得太多，所以总要假装贫困以表示没有能力缴纳。采用这种可怜的策略，他大概是没有认真考虑自己的利益，减少他的产物所损失的，也许比减少他的赋税所节约的更多。这种恶劣耕作的结果是使市场的供给下降，但由此引起的价格轻微上涨，恐怕不能补偿农民因产量减少而遭受的损失，更不能使他向地主支付更多的地租。公家、农民和地主都会因为这种耕作的退化而受到损害。关于个人贡税以许多不同的方式挫抑耕种，因而使大国的主要财富来源枯竭，我在本书的第三篇已经就此做过评述。

北美南部诸州按黑奴人数每年课征的赋税，即所谓的人头税，也可以说是施加在农业资本利润上的一种赋税。由于种植者大部分既是农民又是地主，所以，这种赋税最终就由他们以地主的资格负担，没有任何补偿。

对耕作中使用的奴隶每人课税若干，这在古代欧洲似乎很常见。现在，俄罗斯帝国仍然存在这种税。也许是因为这个缘故，所有种类的人头税都常常被描述成奴隶制度的标志。但是，对于纳税的人来说，任何赋税都不是奴隶的象征，而是自由的象征。诚然，赋税表明他隶属于一个政府，但是，既然他有要纳税的财产，他本人就不可能是某个主人的财产。对奴隶课征的人头税和对自由人课征的人头税是截然不同的。后者是由被课征人自己支付的，而前者是由奴隶之外的阶层的人支付的。后者在大多数情况下是既不平等又武断随意的，前者在某些方面虽然是不平等的——因为不同的奴隶有不同的价值——但在任何方面都不是武断随意的。主人知道他的奴隶人数，就明确地知道他要纳多少税。可是，这些不同的税有着同一个名称，就被视为具有相同的性质。

荷兰对男女仆役按人头所征收的税不是施加在资本上的，而是施加在开支上的，因此和对消费品课征的税相似。英国最近对每个男仆课征的1几尼的税，就是这样一种税。它落在中等阶层的人身上最重。一年收入200英镑的人可能会雇用一个男仆，但一年收入1万英镑的人不会雇用50个男仆。这种税对穷人则没有影响。

对某些特定用途的资本的利润课税，不会影响到资本的利息。将资本用于有税项目的人和将资本用于无税项目的人在借钱的时候是一样的，放贷的人不会对前者就收取较少的利息。如果政府试图按照准确的比例对各种用途的资本所产生的收入课税，一般会落在资本的利息上。法兰西的20便士取一的税，和英格兰的土地税是同样一种税，同样是向来自土地、房屋和资本的收入课征的。就其影响资本而言，它虽然不是十分严厉，但比英格兰土地税对相同对象的征收更准确。在很多情况下，它完全落在资本的利息上。在法兰西，货币常常被投入一种所谓的“年金契约”，这是一种永久年金，债务人若能偿还原借金额，随时均可赎回，而债权人则除了在特定场合外不能赎回。这种二十缴一的税虽然针对一切年金征收，但似乎没有使年金率提高。

### 第一项和第二项的附录　土地、房屋和资财的资本价值税

当财产保持在同一个人手中时，不管对它课征什么永久性的赋税，用意都不是要减少其资本价值或攫取其资本价值的一部分，而只是要得到该财产所产生的收入的一部分。但当财产易主时，即从死者转到生者或从一个生者转到另一个生者手中时，向它课征的赋税就必然要攫取它的资本价值的一部分。

从死者转移给生者的一切财产，以及由生者转移给另一个生者的如土地、房屋等不动产，其转移在性质上都是公开的或者无法长

期隐瞒的，因此，对这种转移或交易是可以直接课税的。而资本或动产以货币形式从生者转移到生者，常常是秘密的交易，而且可以永远保密。所以，对这种交易很难直接课税。对其课税采用的是两种间接的方法：第一，规定债务契约必须写在已经支付过一定数额印花税的纸张或羊皮纸上，否则不具有效力；第二，规定这种契约必须登记在一个公开的或秘密的登记册上，并征收一定的登记税，否则同样不具效力。对容易直接课税的财产转移或交易，包括死者将各种财产转移给生者的证明文件，生者将不动产转移给生者的契约，也常常征收这种印花税和登记税。

古代罗马由奥古斯都设立的20便士缴1便士的遗产税，就是针对死者转移给生者的财产所征收的税。迪翁·卡修斯曾详细地记述过这种税。据他所说，这种税针对因死亡而发生的一切继承、遗赠和捐赠行为，但如果受惠者是至亲或穷人，则给予豁免。

荷兰的继承税也属于同一种税。旁系继承(Collateral succession)，按亲疏的程度，课税额为继承物总价值的5%~30%不等。旁系遗赠，课税的百分比相同。丈夫向妻子、妻子向丈夫的遗赠，课征1/15的税。要是白发人送黑发人，只课1/20。直接(直系)继承，或者说后辈对前辈的继承，不纳税。父亲的死亡，对和他同住的子女来说，很少会增加收入，一般倒是会大大减少收入，因为他的劳动、他的职务位或他可能拥有的终身年金都要消失。如果还要通过征税再攫取一部分遗产，加重这种损失，那这种税就有点残酷和压迫人了。不过，对罗马法中所说的解放了的子女或苏格兰法律中所说的分了家的子女来说，情形有时可能有所不同，这样的子女已经享有财产、拥有家室、不仰仗父亲而另有独立财源。这样的子女所继承的财产不管有多少，都是对他们财产的实际增加，因此，对他们的继承课税是不会比其他的遗产税更不方便的。

根据封建法律，土地的转移，不管是死者转给生者，还是生者转给生者，都要课税。在古代，这种税是欧洲各国国王的主要收入来源之一。

国王的直接封臣的后代在继承采邑时都要缴纳一定的赋税，一般为一年的地租。如果继承人尚未成年，那么，在其成年之前整个采邑的地租全归国王，国王除了维持该继承人的生活并向寡妇支付她应得的亡夫遗产(当采邑中有应享遗产的寡妇时)外，没有其他负担。当继承人成年时，他还须向国王缴纳另一种税，称为交代税(Relief)，一般也是一年的地租。继承人幼年期长，在现代常常使一宗大地产解决它的一切债务，并使宗族恢复昔日的繁荣，在当时却并不产生这种效果。那时，如果幼年期太长，结果不是债务解除，而是地产荒芜。

根据封建法律，不得到他的领主同意，封臣不能转让他的地产，而领主通常要索取一笔金钱才会同意。这笔钱起初是随意索取的，后来在许多国家被规定为土地价格的一部分。有些国家虽然废弃了大部分的封建惯例，但对土地转让课征的这种赋税仍然作为君主收入的一个重要来源继续存在。在伯尔尼州，这种税非常高，贵族保有地要征收其价格的1/6，平民保有地要征收其价格的1/10。在卢塞恩州，对出售土地课税只限于一定地区，并不普遍，但是，一个人如果为了搬迁到其他州而出售土地，则要从销售价格中征收10%。对所有土地或对按某种条件保有的土地的出售收税，这也是许多其他国家的政策，并且都或多或少地成为各君主的一项重要收入。

对这种交易，可以用印花税或登记税的形式间接课税，这种间接课税可以同交易对象的价值成比例，也可以不与之成比例。

在英国，印花税的高低主要不是按照转移或交易的财产的价值(最高金额的交易合同也只需贴18便士或2先令6便士的印花税就足够)，而是按照契约的性质决定的。最重的印花税主要针对国王的特许状或某些法律认证书，不考虑对象的价值，每张文书或羊皮纸要贴六镑印花。英国对契约和文书的登记不课税，只是管理登记册的官员收一点手续费而已，这种手续费也只不过是他们劳动的合理报酬，国王不从他们这里获得任何收入。

荷兰既有印花税，又有登记税，有些场合按转移或交易的财产价值的比例征收，有些场合不按比例征收。所有遗嘱都必须写在贴了印花的纸上，该纸的价格与所处理的财产的价值成比例，从3便士或3斯泰弗到300弗洛林(约合我国货币27英镑10先令)不等。如果印花价格低于立遗嘱人应当使用的数目，则没收继承的财产。除了汇票和某些其他商业票据，所有其他的契约、债券和合同均须交印花税，不过这种税不随对象价值的升高而升高。所有土地和房屋的出售及抵押都必须登记，在登记时要向国家缴纳相当于出售价格或抵押品价格2.5%的税。出售载重两吨以上的船只也要缴纳此税，不管其有无甲板。这大概是因为船舶被看成一种水上的房屋。动产的出售，当其是由于法庭命令时，也要课2.5%的税。

法国也是同时实行印花税和登记税的。前者被看作消费税的一部分，在实行这种税的省份，都是由消费税征收人员来征收。后者则被当作国王收入的一部分，由不同的官吏征收。

利用印花或登记来课税的方法都是晚近的发明。可是，在不超过100年的时间里，印花税已在整个欧洲得到了普遍采用，登记税也已非常普通。一个政府向其他政府学习管理方法的时候，学得最快的莫过于从人民的钱包里搜刮金钱的方法。

对从死者转移到生者的财产所征收的税，最终将直接落在接受财产的人身上。对出售土地所征收的税则完全要落在卖主身上。卖主几乎总是处在非卖不可的境地，因此必须接受所能得到的价格。买主很少处在非买不可的境地，因此他只肯给出所愿出的价格。他把购买土地所要支付的价格和赋税放在一起考虑，必须缴纳的赋税越多，他愿意支付的价格就越低。因此，这种税几乎总是由处境困难的人负担，而且常常是使其不堪重负的。对出售新房屋所征收的税，在不出售地皮的情况下，大多由买者负担，因为建筑商必须获取利润，否则他将不得不放弃这个行业。因此，如果他垫付了税，买者一般得在房价里还给他。对出售旧房子所征收的税，则一般由卖主承担，理由与出售土地相同，卖主在大多数情况下都是不得不卖。每年推向市场的新建房屋的数量或多或少是由市场需求支配的。如果这种需求无法给建筑商提供利润，他就不会继续建筑房屋。市场上出售的旧房屋的数量却是受偶发事件的影响，这些事件大部分与市场需求没什么关系。比如，一个城市如果发生了两三起大的破产事件，就会有许多房屋要出售，能卖多少价钱就卖多少价钱。对出售地皮所征收的税也由卖主负担，其理由与出售土地相同。借贷字据契约的印花税及登记税全部由借方负担，事实上也总是由他支付的。对法律诉讼所征收的印花税和登记税由诉讼人负担。对于双方而言，这种税都会减少诉讼标的的资本价值。为争得一项财产的所费越多，财产到手后的净价值就越少。

对财产的转移或交易所征收的各种赋税会减少财产的资本价值，也必然减少用以维持生产性劳动的资源。这种赋税或多或少是一种浪费，因为它增加的是只维持非生产性劳动者的君主收入，减少的却是维持生产性劳动者的人民资本。

这种赋税，即使与转移或交易的财产的价值成比例，也是不平等的，因为价值相同的财产转移频率未必相同。当其不与这种价值成比例时——大部分的印花税和登记税是如此——就更是不平等。不过，在任何场合下这种税都是清楚的和确定的，而不是武断随意的。虽然它们有时会落在暂时无力负担的人身上，但在纳税的时间上总是会给他提供足够的方便。到了要支付的时候，他一般能拿得

出钱来。这种税的征收费用很少，而且通常不会给纳税者增加纳税之外的不便。

在法国，人们对印花税没有太多抱怨，但对登记税怨言多多。人们提出，这种税非常武断随意，非常不确定，造成收税官吏勒索成风。在大部分反对法国现行财政制度的小册子中，登记税的弊害都是主题之一。不过，不确定性并不必然就是这种赋税的内在性质。如果群众的抱怨是有根据的，那这些弊害的产生也不是由于这种赋税的性质，而是由于课税敕令或法规用语有欠精确和明晰。

抵押契据以及所有关于不动产权利的登记，因其能给予债权人和债务人(或买方和卖方)以极大的保障，对公众是极为有利的。大部分其他种类契约的登记却往往给个人带来不便甚至危险，对公众没有任何好处。大家都认为，既然登记，就不应该保密，应当保密的登记根本就不应该存在。个人信用的安全肯定不应当依赖于下级收税官员的正直和良心这种非常薄弱的保障。但在登记费成为君主收入来源的地方，登记机构通常都无休止地增多，应当登记的契约要登记，不应当登记的契约也要登记。法国就有好几种保密的登记册。这种弊端虽然不是这种赋税的必然结果，却必须承认，它是这种赋税的自然的结果。

英格兰对纸牌和骰子、报纸和期刊征收的印花税，可以说都是消费税，这些税最终都是由使用或消费这些物品的人支付。对麦酒、葡萄酒和火酒的零售执照征收的印花税，虽然可能是打算加在零售商的利润上的，但同样是由消费者最后支付的。这种赋税，虽然和上述对财产转移所课征的印花税使用同一名称，由相同的官吏用相同的方式征收，却具有完全不同的性质，落在完全不同的资源上面。

### 第三项　劳动工资税

我在本书第一篇已经说过，低级劳动者的工资始终受到两种不同因素的支配，即对劳动的需求以及食物的一般价格或平均价格。对劳动的需求决定着劳动者生活资料的丰裕、适中或短缺的程度，依这需求(对劳动的需求也是对人口的需求)是增加、不增不减还是减少而定。食物的一般价格或平均价格决定了为了让工人购买这些生活资料而每年必须支付给工人的货币数量。所以，当对劳动的需求和食物的价格保持不变时，对劳动工资直接课税一定会提高劳动工资，使其在课税之后还能保持原有水平，而提高的比率要稍高于课税的比率。比如，假定某地对劳动的需求和食物的价格使普通劳动工资为一星期10先令，然后对工资课征1/5或每英镑4先令的税。如果对劳动的需求和食物的价格保持不变，劳动者仍须在那里获得每星期10先令的自由工资所能购买的生活资料。而为了让劳动者付税之后仍有10先令的工资，当地的劳动价格就要提高到12先令6便士，而不仅是12先令；也就是说，为了让他在支付了1/5的税之后还有10先令，他的工资得上升1/4，而不仅是1/5。不管课税的比率如何，劳动工资上升的比率都要高于课税的比率。例如，此税率为1/10，劳动工资上升的比率就不仅是1/10，而且得1/8。

所以，对劳动工资直接课税，虽然可能看上去是劳动者自己付的，但其实并不是，甚至连垫付都不是；至少，在课税后对劳动的需求和食物的价格仍保持税前的水平的情况下是如此。在这种情况下，工资税以及超过此税额的若干款项实际上都是由直接雇用他的人垫付的。至于最后的负担者，则会根据不同的场合而由各种不同的人负担。制造业的劳动工资由课税而提高的数额，垫付者为制造业的业主。他有权利而且不得不把垫支的数额以及因此应得的利润转嫁到货物价格上。因此，工资提高的数额及利润增加额最终都是由消费者负担。乡村里的劳动工资由课税而提高的数额，垫付者为农场主。他为维持和以前相同的劳动人数，势必投入更多的资本。为收回这些资本及其一般利润，他必须留下更多的土地产物或更多的土地产物的价值。为此，他就不得不少付地主地租。因此，劳动工资提高的数额及利润增加额最终都要由地主负担。有些税是部分地落在地租上，部分地落在消费品上的；与此相比——假如税收收入相同的话 直接对工资课税最后引起的地租减少或制造品价格提高要来得更厉害。

如果直接对劳动工资课税没有造成工资相应提高，那一般是因为这些税已经造成了对劳动的需求严重减少。这种税的结果一般是产业的衰退、穷人就业的减少、全国土地和劳动年产物的下降。不过，由于此税的存在，劳动价格一定会比没有这种税时要高一些，并且，这上涨的价格以及垫付此价格的人的利润，最终还是要由地主和消费者来负担。

对乡村劳动工资所征收的税并不会按照这种税的比例而提高土地产物的价格，就像农场主的利润税不会按税率提高农产品的价格道理是一样的。

虽然这种税不合理而且很有害，但许多国家都在实行。在法国，贡税中对乡村劳动者和领取日薪的工人课征的部分，就是这种税。这些劳动者的工资按照他们居住地的一般工资率计算，而且为使他们尽可能少承受额外负担，其年收入是按每年不超过两百个工作日估算的。每个人需要缴纳的税额根据外部条件的不同而每年不同，这些外部条件由省长指定的收税员或代表来判定。在波希米亚，由于从1748年开始的财政制度改革，对手工业者的劳动课征一种很重的税。他们分为四个等级：最高一级每年付税100弗洛林(按一弗洛林折合22.5便士计算，达9英镑7先令6便士)；第二级每年付税70弗洛林；第三级50弗洛林；第四级包括乡村的手工业者以及城市里最低级的手工业者，每年付税25弗洛林。

创造性的艺术家和自由职业者的报酬必然与较低级的职业保持一定的比例，我在本书第一篇已经说明过。因此，对这种报酬课税也必然使该报酬按略高于该税的比例而提高。

官员的报酬，和各普通行业和职业的报酬不一样，不是由市场的自由竞争决定的，因而并不总是和该职业的性质所要求的报酬相称。在大多数国家，这种报酬大都高于该职业性质所要求的水平；管理政府的人一般都倾向于给自己和直接下属发放高于必要水平的报酬。因此，在大多数场合，官员的报酬是相当有能力承担赋税的。而且，享受公职的人，尤其是待遇较好的公职的人，在所有的国家一般是遭受忌妒的对象；对他们的报酬课税，即使比对其他各种收入的课税高一些，也总是非常受人欢迎的赋税。例如，在英格兰，当各种其他收入被认为（“被认为”(is supposed to be)意味着“在名义上是，但实际上不是”）依照土地税每英镑征收4先令时，对年薪100英镑以上的官职（皇室新成家者的年金、海陆军军官的报酬以及少数不太受人忌妒的官职的报酬除外）每英镑薪水课税5先令6便士是很受欢迎的做法。除此之外，英格兰对劳动工资没有其他的直接课税。

### 第四项　打算不加区分地施加在各种不同收入上的税

打算不加区分地施加在各种收入上的税，就是人头税和消费品税。这种税由纳税者以其收入来支付，不管这收入是土地地租、资本利润还是劳动工资。

**人头税**

人头税，如果试图使它和每一个纳税人的财产或收入成比例，那它就会变成完全武断随意的。一个人的财产状况每天都有不同，如果不经过无比令人厌烦的调查，并且至少每年修正一次的话，那就只能靠推测。因此，在大多数场合，税额的评估必然要以估税员一时的好恶为转移，也必然彻底成为武断随意的和不确定的。

人头税如果不和推定的财产相应，而与纳税人的身份相应，则会变得完全不平等。相同身份的人的富裕程度常常是不一样的。

因此，这种税要到了平等就会成为随意的和不确定的，要到了确定和不随意就会成为不平等的。不论赋税是轻是重，不确定性都是很糟糕的。而不平等，如果是轻税还好一点，如果是重税，那也是完全不能忍受的。

威廉三世在位时实行的各种人头税，大部分纳税人是根据其社会等级被估税的，如公爵、侯爵、伯爵、子爵、男爵、士族、绅士、贵族的长子及末子等。所有财富在300英镑以上的店主和商人，即商贾中较富裕的人，按同一税额征税，不管他们的财富差距如何。这里考虑的也是他们的身份而不是他们的财产。有些人的人头税，起初是按照他们被推定的财产来课税，后来改为按照其身份课税。在皇家法庭具有特权的高级律师、事务律师和王室的诉讼监察起初是按照其收入征收每英镑3先令的人头税，后来改为按绅士的身份课税。征收一项不很重的赋税，即使是有点严重的不平等也比任何程度的不确定更容易让人接受。

法国自18世纪初以来一直实行的人头税，对最高阶层的人是按他们的身份课税的，税率不变；对较低阶层的人是按他们的推定财产课税的，每年的估税都不相同。宫廷的官员、高等法院的审判官及其他官员、部队的军官等都是按第一种方式课税。各省的较低阶层的人民则按第二种方式课税。在法国，达官显贵们很容易接受即使不太公平的赋税，这种赋税就其对他们的影响而言，并不是很重的，但他们不能忍受省长对税额的任意评估，而该国的下层人民则必须耐心地忍受他们的上级对待他们的作风。

在英格兰，各种人头税从未收足预期会从它们得到的税额，或者说，未收足如果严格征收它们被认为可能收到的税额。而在法国，人头税总是能收足预期的税额。英国政府是温和的，当它对各阶层人民课征人头税时，常常满足于所征收到的金额；不能完纳的人、不愿完纳的人(这种人很多)或因法律宽大而未强制其完纳的人，他们虽然使国家蒙受损失，但政府并没有要求其补偿。法国政府则是比较严厉的，它对每个课税区都征收一定的金额，省长必须竭尽所能去收足这一金额。如果某省抱怨所征收的税太高，可以在次年征收时按照前年多缴纳的比例予以扣减，但在本年度还是要按照估定的税额来征收。省长为确保能收足本税区的税额，有权把税额估得比应收足的税额高一些，这样，因纳税人破产或无力完纳而受到的损失就可以从其余的人的超额征收中得到补偿。直到1756

年，这种超额征收都是由省长裁定，但在这一年，枢密院把这项权力据为己有。在法国赋税记录方面信息齐全的人士指出，各省的人头税落在贵族和有特权免纳贡税的人身上比例最轻，落在要缴纳贡税的人身上的比例最重，他们按应纳贡税的数额，每英镑课以一定的人头税。

向下层人民征收的人头税就是一种对劳动工资的直接课税，它具有一切工资税的麻烦与不便。

征收人头税的支出很小，而且，如果得到严格的执行，必然为国家提供一项非常稳定的收入。因为这种缘故，在不把下层人民的安逸、舒适及安全放在眼里的国家，人头税极其普遍。不过，对一个大国而言，从这种税所得到的往往不过是其公共收入的一小部分，而且这种赋税所能提供的金额完全可以用对人民更便利的其他途径去征得。

**消费品税**

当不可能按收入的比例用人头税去向人民课税，似乎就引起了消费品税的出现。国家不知道怎样直接地、按比例地对人民的收入课税，它就试图间接地对他们的支出课税，这些支出被认为在大多数场合里与他们的收入是一致的。而对他们的支出课税，就是对支出的目标即消费品课税。

消费品或是必需品，或是奢侈品。

我所理解的必需品，不只是维持生活所必不可少的商品，而且包括在一国的习俗中维持一个人——哪怕是最底层的人——的体面所不可缺少的东西。例如，亚麻布衬衫。严格地说来这并不是生活必需品，我想，希腊人和罗马人虽然没有亚麻布衬衫，也生活得非常舒适。但在现在，在欧洲的大部分地区，一个领日薪的工人如果没有一件亚麻布衬衫，就羞于在大庭广众中露面。没有这种衬衫会被认为是穷到了可耻的地步，如果不是行为能力糟糕透顶，没有人会到这一步。同样地，习俗也使皮鞋成为英格兰生活的必需品。最穷的男人和女人，只要还讲点体面，没有一双皮鞋就不敢在公众中露面。在苏格兰，习俗使得皮鞋成为最低阶层的男人们的必需品，但对同一阶层的妇女却不然，她们可以赤脚行走。在法国，皮鞋对于男人或女人而言都不是生活必需品，最低阶层的男女可以穿着木屐或打着赤脚走在别人面前而无伤大雅。所以，对于必需品，我的理解是，底层人民由于自然本性所必需的物品，以及涉及体面的规矩习惯所必需的物品。所有其他的东西我称为奢侈品（这一称呼并没有要责难对它们的适度使用的意思）。例如，英国人喝的啤酒、麦酒、葡萄酒，我都称为奢侈品。不论哪一阶层的人，他不饮用这种饮料决不会遭到非难。大自然没有使这类饮料成为维持生活的必需品，任何地方的习俗也没有使它成为维持体面所必不可少的东西。

由于劳动工资部分是由对劳动的需求、部分是由生活必需品的平均价格所决定，所以提高必需品的价格必然提高劳动工资，以便使劳动者仍然有能力购买依照对劳动的需求的状况(不论其为增加、不增不减或减少)他们所应该有的各种必需品。对这些必需品课税必然使其价格提高，并且要略高于税额，因为垫付此税的商人一定要收回这项垫付的金额，同时还要加上垫款应得的利润。因此，这种必需品税必然造成劳动工资按此类必需品价格上升的比例而上升。

所以，对生活必需品课税，所起的作用和对劳动工资直接课税完全相同。劳动者虽然要自己支付此税，但最后并不是由他支付，甚至不是垫付。此税最终总是由他的直接雇主给他增加工资而返还给他。如果雇主是制造业者，他将把增加的工资连同一定的增加利润转嫁到货物的价格上，所以，最后支付此税及其附加利润的将是消费者。如果雇主是农场主，此税就将落在地主的地租上。

对我所称的奢侈品课税，甚至是对穷人的奢侈品课税，则又另当别论。课税商品的价格的上升，并不一定会引起劳动工资的提高。例如，烟草虽然既是富人的也是穷人的奢侈品，但对这种奢侈品课税不会导致劳动工资的提高。英格兰的烟草税达到烟草原价的3倍，在法国则达到原价的15倍，但这么高的税似乎并没有对劳动工资造成影响。茶和砂糖在英格兰和荷兰已成为底层人民的奢侈品，巧克力在西班牙也是这样，对这些东西课税也没有对劳动工资产生影响。英国在本世纪对酒类所课征的各种税也没人认为对劳动工资产生了影响。对

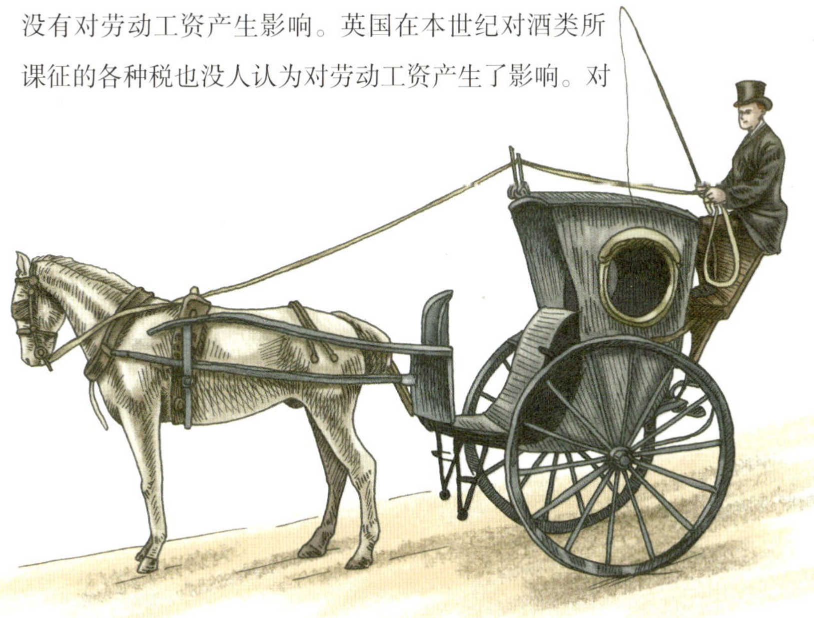

每桶浓啤酒课征3先令附加税，导致黑啤酒的价格上升，然而伦敦普通工人的工资并未因此提高。在这种附加税未征收以前，他们每天的工资约为18便士或20便士，现在的工资也没有增多。

这类商品的高价格不一定会降低下层人民养家糊口的能力。对朴实勤劳的穷人而言，向这类商品课税的作用类似于颁布禁奢法令，会使他们少用或完全不用那些他们已不再能轻易买得起的奢侈品。由于这种被迫的节约，他们养家的能力不但没有降低，反而常常会因此税而提高。正是这些朴实勤劳的穷人，养活了最多的人口，并提供了最主要的有用劳动力。诚然，并不是所有的穷人都是朴实勤劳的，那些放荡和胡来的人在这些奢侈品的价格上升以后依然会像以前一样欲罢不能，而不会考虑其放纵的行为会给其家庭带来的困境。不过这种胡来的人很少能养育大家庭，他们的孩子很容易因为照料不周、处理不善、缺乏食物或者卫生条件恶劣而夭折，即使孩子体格健壮，能在父母的坏习惯给他带来的苦难中活下来，其父母所作出的示范也会腐蚀他的心灵，使他长大后不是通过自己的勤劳成为对社会有用的人，而是成为伤风败俗的害群之马。所以，尽管穷人的奢侈品价格上升可能增加这种无节制的家庭的痛苦，从而降低其养家的能力，但不可能大大减少一个国家里有用的劳动力的数量。

而必需品平均价格的任何幅度的上涨，如果劳动工资不相应地增加，必然或多或少降低穷人养家的能力，从而降低其提供有用劳动的能力，不管对劳动的需求(或对人口的需求)状况是增加、不增不减还是减少。

对奢侈品课税，除被课税的商品以外，不会提高任何其他商品的价格。而对必需品课税，由于会提高劳动工资，必然会提高一切制造品的价格并从而减少它们销售和消费的幅度。奢侈品税最终是由课税品的消费者毫无补偿地支付的，它们会无差别地落在土地地租、资本利润或劳动工资等收入上。对必需品课税，就其对穷人的影响而言，最终总是部分地由地主以减少地租的方式支付，部分地在提高了制造品价格之后由富有的消费者(地主或其他人)支付，而且总要多支付一些。穷人真正的生活必需品(如粗毛织物)的价格如果提高，必须进一步提高穷人的工资以对他们做出补偿。中等和上等阶层的人民，如果明白他们自身的利益，就应当永远反对对生活必需品课征一切赋税，也反对对劳动工资直接课税。两类赋税的最后支付完全落在他们自己身上，并且要多支付一个额外的数目。地主的负担尤其重，他总是以双重身份付税：作为地主，他要减少地租付税；作为消费者，他要增加支出付税。马修·德克尔爵士观察到，某些赋税转嫁到某些商品的价格上，有时竟会重复积累4次或5次，确实，对于生活必需品税来说完全就是这样。比如，在皮革的价格中，你不仅必须就你自己的鞋所用的皮革付税，而且必须就制鞋匠和制革匠的鞋所用皮革付税。你还必须就这些工匠在为你服务期间所使用的盐、肥皂和蜡烛付税，乃至为制盐人、制肥皂者、制蜡烛者在生产期间所消费的皮革付税。

在英国，对生活必需品课征的赋税主要就是针对上面提到的这四种商品：盐、皮革、肥皂和蜡烛。

盐是一种非常古老和非常普遍的课税对象。在古罗马就曾课征盐税，我相信现今欧洲每个地区都仍然如此。一个人每年消费的盐量很少，而且是一点一点地购买，于是，似乎就有人认为，即使盐税很重也不会给任何人造成负担。在英格兰，盐每蒲式耳课税3先令4便士，约为原价的3倍。在其他一些国家课税更高。皮革也是一种真正的生活必需品。亚麻布的使用使肥皂也成了必需品。在冬天夜晚很长的地区，蜡烛还是一种必要的生产工具。英国的皮革税和肥皂税都是每磅1便士半，蜡烛税则为每磅1便士。对皮革的原价而言，皮革税约为8%或10%；对肥皂的原价而言，肥皂税约为20%或25%；蜡烛税约为蜡烛原价的14%或15%。这些税虽然比盐税轻一些，但仍然是很重的。这四种商品都是真正的必需品，如此重税必定增加那些朴实勤劳的穷人的生活开支，从而必定引起他们的劳动工资的提高。

在英国这样冬季非常寒冷的国家，燃料严格来说是这个季节的生活必需品，不仅是为了烹调食物，而且为了在室内工作的工人身体上的舒适。在所有燃料中，煤是最便宜的。燃料价格对劳动价格的影响如此重要，以致英国所有制造业都设立在产煤地区，而在其他地区，由于这一必需品的价格太贵，就没法降低开工的成本。此外，在某些制造业中，煤炭是一种必要的生产工具，比如在玻璃、炼铁和其他冶金业中。如果可以发放奖金，那对将煤炭从富饶地区运往短缺地区发放奖金是再合适不过了。但是立法机关不但不发放奖金，反而对煤炭的沿海运输每吨课税3先令3便士，就大多数种类的煤炭来说，税额已占出井价的60%以上。陆路运输或内陆航运的煤炭则不课税。在煤价自然低廉的地方，煤炭的消费不课税；在煤价自然昂贵的地方，煤炭反要课重税。

这些赋税虽然提高生活必需品的价格，从而提高劳动的价格，却为政府提供了一笔以其他方式不容易得到的可观收入，因此，总能找到继续课征这些税的理由。如果给谷物发放出口奖金，也会提高生活必需品的价格，产生同样的不良后果，但它不但不能给政府带来收入，反而要支出一笔很高的费用。对外国谷物进口课征高关税(这在普通丰收年份等于禁止进口)，以及禁止活牲畜或腌制食物进口(现在因为这类物品短缺，对爱尔兰和英国殖民地的产品暂停适用)，这些规定都产生了和对生活必需品课税一样的不良后果，而并没有为政府带来收入。要废除这些规定，只要让民众相信建立它们的那种学说体系是多么菲薄就可以，不需要做其他什么工作。

和英国相比，其他许多国家对生活必需品所征收的税要高得多。许多国家对磨坊里研磨的面粉和粗粉课税，对火炉上烘烤的面包也课税。在荷兰的城市里，据说，此税导致面包的消费价格增加了一倍。为了对住在乡村的居民也部分地课征这种税，每个人每年都要按其消费的面包种类缴纳赋税。比如消费小麦面包的人每年要付税3盾15斯泰弗，约合6先令9便士半。这种税以及其他一些同类的赋税提高了劳动的价格，据说使荷兰大部分的制造业受到了破坏。在米兰公国、热那亚各州、摩德拉公国、帕尔马公国、普拉森舍和瓜斯塔拉公国，乃至教皇领地，也可以看到同类的赋税，只不过没有那样繁重罢了。法国一位颇有名望的学者曾提议改革该国财政制度，用这种最具破坏性的赋税去代替大部分其他的赋税。这正如西塞罗所说的："哪怕是最荒谬的事，有时候也有一些哲学家主张。"

对畜肉课税比对面包课税更为普遍。当然，畜肉是不是生活必需品还不好说。根据经验，即使没有畜肉，仅凭谷物和蔬菜，辅之以牛奶、干酪、黄油——没有黄油可以用酥油替代，也能提供最丰富、最营养、最卫生、最能增长精神的食物。在许多地方，为着维持体面要求人人穿一件麻衬衫和一双皮鞋，但没有一个地方要求人民必须吃肉的。

对消费品(不论是必需品还是奢侈品)可以用两种方法课税：其一，消费者为其使用或消费某一类型的商品而每年支付一笔税款；其二，对留在商人手中、尚未交付给消费者的货物课税。不能立即用完而可持续使用相当长时间的商品，最适合采用前一种方法课税；可以立即消费掉或消费比较迅速的商品，最适合采用后一种方法课税。马车税和金银器皿税是前一种课征方法的例子，其他大部分的消费税和关税则是后一种课征方法的例子。

一辆马车如果保养得好，可以用10年到12年。在它离开马车制造者之前，或许可以一次性征收一定数额的税。但对购买者来说，为保有马车的特权每年付税4英镑，肯定比一次性付给马车制造者40英镑或48英镑的额外加价(或相当于使用马车期间应付税额的总数)更为方便。金银器皿可以使用100年以上。为每100盎司重的器皿每年付税5先令，约为其价值的1%，对于消费者来说肯定比一次性付出相当于25年或30年税额的总数更为容易，后者会使器皿的价格至少提高25%或30%。同样，对房屋课征的各种赋税每年由消费者支付较小的数额，肯定比在房屋初建或初售时课征与各年税额之和相等的重税更为方便。

马修·德克尔爵士有一个著名的提议，就是所有的商品，即使是立即消费的或消费迅速地商品，都应当用下面这种方式来课税：商人不垫支任何赋税，而消费者每年支付一定的金额，领取消费某种货物的执照。他的这一方案的目的是想撤销一切进出口税，让商人可以把全部资本和信用都使用在商品购买及船舶租赁上，而不必把其中任何部分用于纳税，这样可以促进所有的对外贸易，尤其是中间商贸易。但是，对立即消费或迅速消费的商品也采用这种方法课税，似乎有以下四种非常严重的弊端。第一，与通常的课税方式相比，这种课税方式更不公平，就是说，不能很好地按照不同消费者的支出和消费成比例地课征。对麦酒、葡萄酒和火酒课征的税由商人垫支，最后是由不同的消费者按照他们各自的消费比例支付。但如果这种税通过购买一张饮酒执照来支付，那么饮酒很节制的人所缴纳的税额按其比例就比酗酒的人缴纳的税额更重，也就是说他的税率更高。宾客较多的家庭纳税就更比宾客较少的家庭轻得多。第二，本来对迅速消费的货物课税的主要便利之一是可以分次支付，但上述课税方式，即每年、每半年或每季度购买一次消费某种货物的执照，会大大降低这种便利。现在每瓶黑啤酒的价格是3便士半，其中对麦芽、酒花、啤酒课征的各种税连同酿酒者为垫付这些税款而要求获得的特别利润共计1便士半。一个工人如果能多付这1便士半，他就可以买一瓶黑啤酒。如果他不能，他就可以只买1品托，同时，如果省多少就是赚多少，他也因为节制而节省了1个法新。他可以每次付每次的税，何时有能力付就何时付，每一次付税都是完全自愿的，他想不付就可以不付。第三，这样课税不太起得到禁奢法令的作用。因为一旦取得执照以后，无论消费者饮酒的数量是多少，他缴纳的税都是一样的。第四，现在一名工人每喝一瓶酒纳一次税，这对他来说没有什么不方便的，但如果要让他一年一次、半年一次或一个季度一次缴纳在这段时间里他应缴纳的全部税额，恐怕这个数目会给他造成很大的困难。因此，很明显，这种课税方式如果要想和现在这种不用强迫的课税方式取得同样多的收入，不靠压迫性的手段是不行的。然而，在有些国家，对立即消费或迅速消费的商品就是以这种方式课税的。荷兰人为获得饮茶的执照就需缴不少的税。此外，我已经说过，该国也按同样的方式对乡村所消费的面包课税。

国产消费税主要是对那些由国内制造且用于国内消费的商品课征的。这种税只对几种使用最广泛的货物课征。课税的商品、各种商品的税率都很清楚，不存在任何疑问。除了盐税、肥皂税、皮革税、蜡烛税(或许还可以算上普通玻璃税)之外，这种税几乎完全是对我所说的奢侈品课征的。

关税比消费税更为古老。这种税之所以称为“关税”（关税的英文是“custom”，又有“习惯”的意思。——译者注），似乎表明这种支付形式是远古沿袭下来的一种惯例。它最初被看作对商人的利润所征收的税。在封建无政府状态的野蛮时代，商人也像城邑中的其他居民一样，都和解放的农奴差不多，人格受到轻视，获得的收益被人忌妒。大贵族既已同意国王向他们自己的佃农的利润课征贡税，所以对向他们无意保护的这个阶层的人民课征同样的贡税也没有意见。在那个无知的时代，他们不懂得商人的利润不应是直接的征税对象，或者说，他们不懂得，这些税最终是都要落在消费者身上的，而且要比这税支付得更多。

与英国本国商人的收益相比，外国商人的收益还要受到更大的歧视。因此，对后者课税自然比对前者更重。对外国商人和本国商人在赋税上的区别对待起源于无知，又由于垄断精神、即想使本国商人在本国市场和外国市场都占据有利地位，而继续存在了下来。

除了上述区别外，古代的关税向所有各种货物平等课征，不管是必需品还是奢侈品，也不管是出口货物还是进口货物。那时候的人们似乎觉得，没道理对经营一种货物的商人比对经营另一种货物的商人更优待，也没道理对出口商人比对进口商人更优待。

古代的关税分为三种。第一种或许是所有关税中最古老的，是向羊毛和皮革课征的关税。这主要是或完全是一种出口关税。当英格兰建立了毛织物制造业时，为了使国王不致因毛织物出口而丧失他对羊毛课征的关税，于是对毛织物也课征了相同的税。第二种是葡萄酒税，即对每吨葡萄酒征税，称为吨税。第三种是对所有其他货物的课税，按他们的推定价值每英镑纳税若干，所以称为镑税。在爱德华三世第四十七年，对所有进出口货物按价值每英镑课税6便士，只有羊毛、带毛的羊皮、皮革和葡萄酒除外，这些商品课征特别的税。在理查德二世第十四年，此税提高到每英镑1先令，但3年后又降为6便士。亨利四世第二年提高到8便士，第四年又提高到1先令。从这一年到威廉三世第九年，此税一直是每英镑1先令。根据同一项议会法令，吨税和镑税都划归国王，称为吨税和镑税补助税。在一个很长的时期内，镑税补助税一直是每英镑1先令或5%，关税用语上所谓的补助税一般是指这5%的税。这种补助税——现在称“旧补助税”——至今仍然按照查理二世第十二年制定的税率表课征。据说在詹姆斯一世以前，就开始使用这种按照税率表确定应纳税商品价值的方法。威廉三世第九、第十年课征的新补助税是对大部分商品额外再征收5%。1/3补助税和2/3补助税合起来又组成另一个5%。1747年的补助税是对大部分商品课征的第四个5%。1759年的补助税是对一些特定商品课征的第五个5%。除了这五种补助税外，对某些种类的货物还偶尔课征一些其他赋税，有时是为了解决国家的燃眉之急，有时是为了按照重商主义体系的原则来调节国家的贸易。

重商主义体系已经逐渐变得越来越流行。旧补助税是不加区别地对进口商品和出口商品一律课征。而后来的四种补助税，以及后来向特定商品偶尔征收的其他赋税，则完全是对进口商品课征，只有少数例外。以前对本国产品或国内制造品出口所课的各种税，大部分被减轻或完全废除，对有些商品的出口甚至还发放奖金。对进口后又出口的外国商品，有时退还进口时的全部税金，大多数情况下退还其中的一部分。进口时课征的旧补助税在出口时一般退还一半，但进口时课征的补助税及其他关税大部分商品在再出口时都可以全部退还。这种对出口的偏袒和对进口的挫抑，只对少数几种制造业原材料是例外。我们的商人和制造业者希望这些原材料对他们自己尽可能便宜，对他们的外国对手和竞争者尽可能昂贵。因此之故，一些外国原材料被允许免税进口，比如西班牙羊毛、大麻和粗制亚麻纱等。国产原材料和我国殖民地特产原材料的出口则有时被禁止，有时被课以重税。比如，英国羊毛的出口被禁止；海狸皮、海狸毛和塞内加尔胶的出口被课以重税，自从占领加拿大及塞内加尔以来，英国几乎垄断了这些商品。

我在本书第四篇已经力图表明，重商主义体系对人民大众的收入、对国家的土地和劳动的年产物并不是很有利的。它对君主的收入似乎也没有有利到哪儿去，至少就这一收入依赖于关税而言是如此。

由于这种体系，有几种货物的进口完全被禁止。在某些情况下，这种禁令使得这些商品的进口完全被阻止了，在另一些情况下，这种禁令致使进口人必须走私，这些商品的进口至少也大大减少。比如，它完全阻止了外国毛织品的进口，大大减少了外国丝和丝绒的进口。在这两种情况下，本可从对这些商品进口课征关税而得到的收入就完全落空了。

向许多外国货物进口课征重税以限制它们在英国的销路，这一般说来只是鼓励了走私，从而使关税收入低于课征轻税时可能得到的收入。斯威夫特博士说，在关税的算术中，2加2并不等于4，有时只能得到1；就这种重税而言，这句话完全正确。如果不是由于重商主义体系在许多场合让我们把课税当作获得垄断的手段(而不是获得收入的手段)，那这种重税是不会被采用的。

对本国产品和制造品出口有时发放奖金，对大部分外国货物再出口实行退税，产生了许多欺诈行为，也引起了对国家收入最具破坏性的走私活动。众所周知，为了得到奖金和退税，人们有时把货物装船出海，但随后又从本国的某个其他地方秘密地重新上岸。由于奖金和退税(其中大部分是通过欺诈得来的)而造成的关税收入损失非常大。

截至1755年1月5日为止的一年中，关税总收入为506.8万英镑。从这笔收入中支出的奖金(虽然该年度对谷物还没有发放奖金)，共16.78万英镑。根据退税单及其他证明支付的退税为215.68万英镑。奖金和退税共计232.46万英镑。将这笔金额扣除掉的话，关税收入就只有274.34万英镑；从中再扣除薪俸及其他管理费用等开支28.79万英镑，这一年的关税纯收入就只有245.55万英镑了。海关管理费用相当于关税总收入的5%~6%，而扣除奖金和退税以后则相当于收入的10%以上。

由于几乎对所有进口商品都课以重税，所以我国进口商都尽量走私，尽少报关。相反，我国出口商报关的总是比他们实际出口的多，他们这样做有时候是出于虚荣心，摆一个货物出口不纳税的大商人的架子，有时候则是为了获取奖金或退税。因为存在这两方面的欺诈行为，在海关登记册上我国出口数额大大超过了我国的进口数额，这使得那些按所谓贸易差额来衡量国家繁荣程度的政客们感到了极大的欣慰。

所有进口货物，除少数特殊的免税商品外，均须缴纳一定的关税。如果进口的某种商品没有被列进税率表中，就根据进口商的宣誓，按其价值每20先令课征4先令9又9/20便士，与五种补助税或五种镑税大致相当。税率表中所列举的商品种类极其广泛，有很多商品是很少使用、人们不熟悉的。由于这个缘故，常常不能确定某种商品应归于哪一类，因而应纳多少税。这样的错误有时会使海关官员下岗，并且常常会给进口商带来很多的麻烦、苦恼和额外开支。因此，在明白、准确、清晰这几点上，关税远不如国内消费税。

要使社会中大多数人能按他们各自的开支的比例对公共收入做

出贡献，不必对这种开支的每个项目都去课税。国内消费税被认为和关税一样，都是平等地落在纳税人身上，而消费税只对少数几种使用最广泛和消费最多的货物课征。许多人的意见是，如果管理得当，关税也可以只对少数几种货物课征，这样并不会给国家收入造成任何损失，而对于对外贸易则有巨大的好处。英国现在使用最广泛和消费最多的外国货物似乎主要是外国葡萄酒和白兰地酒，还有美洲及西印度出产的砂糖、朗姆酒、烟草、可可豆，东印度出产的茶、咖啡、瓷器、各种香料及一些纺织品，等等。这些商品也许提供了如今的大部分关税收入。除了对这些商品所征收的关税之外，其余大部分对外国商品课征的关税都不是为了增加收入而设置的，而是为了谋求垄断，即要确保国内市场上本国商人的利益。如果废除一切进口禁令，并按经验对外国制造品只课以能为国家提供最大收入的适中关税，那么，我国的工人将仍然能够在国内市场上占据相当有利的位置，而那些现在没有给国家提供收入的货物或仅提供少量收入的货物也将提供丰厚的收入。

高关税，有时因为减少了课税商品的消费，有时因为鼓励了走私，为政府提供的收入常常比课征较轻的关税所能得到的收入更少。

当收入减少是因为消费减少时，唯一的补救办法就是降低税率。

当收入减少是因为鼓励了走私时，一般可以有两种补救的办法：削弱对走私的诱惑，或者增加走私的难度。只有降低关税才能减少对走私的诱惑，只有建立一种最适于阻止走私的管理制度才能增加走私的难度。

从经验来看，我相信消费税法比关税法更能有效地阻止和抑制走私活动。在两种不同赋税的性质所许可的范围内，在关税中引进一种类似消费税的管理制度，走私的难度可能就会大大增加。很多人认为，要做出这种改变是很容易的。

有人主张，进口那些应缴纳关税的商品的进口商可以将这些商品搬进他们自己的私人仓库；或者可以存放在由其自己支付或由国家支付费用的公家仓库里，仓库的钥匙由海关官员保管，只有海关官员在场的时候才可以打开仓库。如果商人将货物运往自己的私人仓库，就应当立即缴纳税金，以后不再退还；并且，海关人员可以随时检查仓库，以确定存货数量和所付税额是否相符。如果他将商品存放在国家的仓库，可以直到将货物取出供国内消费时再付税。如果再出口到国外，这些商品可以完全免税；不过，他必须提供适当的保证担保其商品一定出口。经营这些商品的商人不论是批发商还是零售商，都要随时准备接受海关人员的检查，并且要提供适当的凭证，证明其商铺或仓库中的全部商品都已缴纳了关税。现在对进口的朗姆酒课征的所谓“货物关税”就是按这种方式征收的，相同的制度或许可以推广应用到对其他进口货物的课税上，只要这些税和消费税一样只针对少数使用最广且消费最多的商品。如果是对所有不同种类的货物课征关税(就像现在这样)，那恐怕很难提供容量足够的公共仓库，而且商人不会放心将非常精细的，或必须小心保存的商品存放在别人的仓库里。

如果通过这种管理制度能在很大程度上制止走私(即使是在很重的关税下)，如果各种关税能根据是否可以向国家提供最多的收入而随时提高或降低，如果赋税总是被用作获取收入的手段而不是用作谋求垄断的手段，那么，只对使用和消费最多的少数商品征收关税，就应该能够获得至少与现在相等的关税纯收入，而且关税可以变得和消费税一样简单、确定和准确。现在国家由于外国货物再出口在退税以后又重新上岸并在国内消费所损失的收入，在这种制度下可以完全节省下来。单是这项节省的数目已经很大，如果再加上取消对国产货物出口的一切奖金(这些奖金事实上没有一种是以前所付的消费税的退税)，那么，在做出这种制度变更之后，关税纯收入完全可以和变更之前相等，这是毫无疑问的。

如果说这样一种制度变更不会使国家收入遭受任何损失，那它就只会使国家的商业和制造业得到很大的好处。不课税的商品将占绝大多数，这些商品的贸易将完全自由，可以出口到世界每一个地方或者从世界每一个地方进口，获得每一分可能获得的利益。这些商品会包括所有的生活必需品以及所有的制造业原材料。由于生活必需品的自由输入会降低它们在国内市场上的平均价格，因此也会降低劳动的价格，而劳动的实际报酬不会减少。(因为货币的价值是与它所能够买的生活必需品的数量成比例的，而生活必需品的价值与它所能交换到的货币的数量完全无关。)劳动的价格降低，国内所有制造品的价格也必然随着降低，从而国内制造品就可以在国外市场上获得优势。由于原料可以自由进口，一些制造品价格下降的幅度可能更大。比如，如果生丝能从中国和印度免税进口，那英国的丝织品就会比法国和意大利的丝织品售价低得多，也就没有必要再去禁止外国丝绸和丝绒的进口。本国货物的售价低廉，不仅会使我们的工人占有本国市场，而且会使他们极大地支配外国市场。另外，即使是课税商品的贸易，也会比现在进行得更加有利。如果这些商品从公家仓库中取出后免税向外国出口，这些商品的贸易也是完全自由的。在这种制度下所有种类的商品的中间商贸易都能享有一切可能得到的利益。如果这些商品从公共仓库中取出后用于国内消费，进口商在有机会向某个商人或某个消费者出售自己的货物以前不必垫付税款，那他就会比在进口时必须立即垫付税款的情况下售价更为低廉。在相同的税率下，即使是经营课税商品的对外消费品贸易，用这种方式进行也会比现在获得更多的利益。

罗伯特·沃波尔爵士著名的消费税计划的目的，就是要设立一种与这里所提议的制度非常相似的、针对葡萄酒和烟草的税制。尽管那时他向议会提出的提案只包含这两种商品，但人们一般推测，这只是一种更广泛的计划的序幕。因此，与走私商人利益结合在一起的党派激烈地(当然是不公正地)反对这项提案，使得首相也认为最好是把它放弃。由于担心激起相同的反对，他的继任者也不敢重提这个计划。

对从国外进口并供国内消费的奢侈品所征收的税，虽然有时也会落在穷人身上，但主要还是由中产及中产以上阶层的人负担，如对外国葡萄酒、咖啡、巧克力糖、茶、砂糖等征收的关税都属于此类。

对国内生产且国内消费的比较便宜的奢侈品所征的税，是按照每个人消费的比例平等地落在各个阶层的人身上。穷人为他们自己所消费的麦芽、酒花、啤酒和麦酒付税，富人则为他们自己和他们的仆人所消费的这些商品付税。

必须注意的是，在每一个国家，下层人民(或者说中产以下阶层的人民)的全部消费，不论在数量上还是在价值上，都要比中产阶层及中产以上阶层的人民的全部消费大得多。也就是说，下层人民的全部支出比上层人民的全部支出大得多。首先，每一个国家的几乎全部资本，每年都作为生产性劳动的工资，在下层人民中间进行分配。其次，相当大一部分来自地租和资本利润的收入，都作为仆人和其他非生产性劳动力的工资和生活费用，在下层人民中间进行分配。第三，社会资本利润的一部分，是下层人民使用自己的小额资本所得到的收入，属于这一阶层的人民。小店主、小商人和各种零售商每年获得的利润总额很大，构成社会年产值的很大一部分。第四，甚至有一部分土地地租也属于下层人民，其中很大一部分属于比中产阶层略低的人所有，一小部分属于底层人民所有，因为普通的劳动者有时也拥有一两亩土地。所以，下层人民的支出个别地来看虽然很小，但从总量上看是社会总支出中最大的一个组成部分；剩下来的供上层人民消费的国家土地和劳动年产物，不论在数量上还是在价值上，总是要小得多。因此，主要针对上层人民的支出而征收的税，比不加区别地对所有阶层人民的支出征收的税要少得多，甚至比主要针对下层人民的支出而征收的税也要少得多。所以，在针对支出行为而征收的各种赋税中，提供收入最多的是针对国产酒类及其所用原料征收的消费税，而这一部分消费税主要是落在普通人民的支出上。1775年7月5日之前的那个年度，这部分消费税的总收入达334.1837万英镑9先令9便士。

不过，必须永远记住的是，应当课税的是下层人民的奢侈支出而不是他们的必要支出。对他们的必要支出所课的税，最后会完全落在上层人民身上。在所有的情形下，这种税必然提高劳动工资，或是会减少对劳动的需求。提高劳动工资，这种税的最后支付就会转到上层人民身上；减少对劳动的需求，就会减少国家的土地和劳动的年产物——最后支付所有赋税的源泉。不论这种税会使对劳动的需求降低到什么状态，它都会使工资高于这种状态下本来会有的水平，而所提高的工资最终都会由上层人民来支付。

在英国，如果酿造发酵饮料或蒸馏酒精饮料不是为了销售，而是为了自家享用，都不征收任何消费税。这种免税的目的是使私人家庭不受收税人员令人讨厌的拜访与检查，但结果使酒税给穷人造成的负担重于给富人造成的负担。虽然自己家里酿酒自用的情况不是非常普遍，但还是颇有一些。在乡村，许多的中等家庭以及几乎所有的富裕家庭都自己酿造啤酒。因此，他们酿造一桶浓啤酒要比普通酿酒商节省8先令，后者除了垫支税款和其他开

支之外还必须获得这些垫款的利润。所以，这些家庭饮用的啤酒比普通人所能饮用的同一质量的啤酒每桶至少要少付9先令或10先令，对普通人来说，从酿酒厂或酒店零散地购买啤酒总是更为方便。同样，私人家庭制造自己使用的麦芽，也不受收税人员的拜访和检查；但这种情况下，每个家庭必须按每人7先令6便士缴纳消费税(7先令6便士等于10蒲式耳麦芽的消费税，这个数量是普通家庭的人均消费量)。但其实，在那些喜欢摆办乡村式宴席的富裕大家庭中，其家庭成员所消费的麦芽只占在他们的屋子里消费掉的麦芽的一小部分而已。这样的家庭缴纳的麦芽税应该说是少于他们按其消费量应缴的税额的。然而，或许是由于这种税的原因，或许是由于其他原因，自家制造麦芽并没有自家酿造酒精那样普遍。很难想象，对自家酿造或蒸馏酒精不像对制造麦芽这样课税，究竟有什么正当的理由。

常常有人说，如果把现在对麦芽、啤酒和麦酒课征的各种赋税改为只对麦芽一项货物课征，即使这项麦芽税比以前几种赋税加起来低，也能提供比以前更大的收入。因为，第一，酿酒厂逃避税收的机会比麦芽制造厂更大；第二，自家酿造酒精的人可以免纳一切税(即使取消了酒精税国家损失也不大)，而自家制造麦芽的人则不能免税(如果增加麦芽税当然会增加国家收入)。

在伦敦的黑麦酿酒厂，1夸脱麦芽一般酿造两桶半的酒，有时酿造3桶。向麦芽课征的各种税为每夸脱6先令；向啤酒和麦酒课征的各种税为每桶8先令。因此，在黑麦酿酒厂，向每夸脱麦芽及其生产的啤酒和麦酒课征的税为26—30先令。在以普通乡村为销售对象的乡村酿造厂，向每夸脱麦芽及其产物课征的税通常是26先令，很少低于23先令。整个王国平均计算，对每夸脱麦芽及其生产的啤酒和麦酒课征的税估计不会低于24先令或25先令。但是，如果废除一切啤酒税和麦酒税，而将麦芽税提高3倍，即每夸脱麦芽应纳的税从6先令提高到18先令，从这种单一税种所得到的收入将比现在从各种重税中得到的收入多得多。

麦芽不仅用来酿造啤酒和麦酒，而且用来制造下等火酒和酒精。如果麦芽税提高到每夸脱18先令，那就必须降低对以麦芽作为部分原料的各种下等火酒和酒精所课的消费税。在所谓麦芽酒精中，通常有1/3的原料是麦芽，其余2/3为大麦，或者1/3大麦1/3小麦。在麦芽酒精的蒸馏厂中，走私的机会和诱惑都比在酿造厂或麦芽制造厂要大得多；因为酒精的容积小而价值大，所以走私机会多，因为酒精的税率重，每加仑达到3先令10又2/3便士，所以走私诱惑大。增加对麦芽的课税，降低对蒸馏的课税，走私的机会和诱惑都会减少，国家的收入也可以增加。

酒精饮料被认为有害于普通百姓的健康和道德，所以在过去的某个时期英国的政策是抑制这种饮料的消费。按照这种政策，对蒸馏的减税不应太大，以避免降低此种酒类的价格。要保持酒精的高价格，同时，大大降低啤酒、麦酒这类无碍健康又能振奋精神的酒类的价格。这样，人民可以解除他们现在怨言最重的负担之一，同时国家收入也可以大大增加。

唯一会因这种改革而受到损失的就是这些自家制造麦芽和酿造酒精的富裕家庭。不过，现在上层人民可以免除一种重税，而下层人民却要负担这种重税，无疑是最不公正、最不平等的，即使不实行这种改革，这种免税也应该被废止。然而，正是上层阶级人民的利益妨碍了这项利国利民的改革。

除上述关税和消费税外，还有一些更加间接和更加不公平地影响货物价格的赋税。比如法国所谓的路捐和桥捐。在古老的撒克逊时代这种税叫作通过税，最初其开征的目的似乎与我国收费公路的通行税或航运通行税相同，是为了维护道路或航道。当被用于这样的目的时，这种税最适合按照货物的体积和重量来征收。由于这些税最初是一些地方税和省税，用于地方性的用途，所以它们的征收管理一般是交给课税所在地的城市、教区或领地自己负责，而这些地方也要对按目的使用这些赋税负责。但在许多国家，并不对此负责的君主却将这项税收的管理权掌握在了自己手里，他一般会将这项赋税的额度大幅提高，但对其使用、应用通常却抛之脑后。如果英国的收费公路通行税成了政府的一项收入源泉，那么，我们也可以从其他国家的例子中看到结果会是什么。这些通行税最终无疑是由消费者承担；但消费者不是按照他的支出来纳税，不是按照他消费的货物的价值来纳税，而是按照这货物的重量和体积来纳税。当这种税不按货物的体积或重量征收，而按其推定价值征收，它就会变成一种内地关税或消费税，大大地阻碍一个最重要的贸易部门，即一国的国内贸易。

一些小国对从其领土内的陆路或水路过境的外国货物征收类似通行税的税。在有些国家，这种税被称为“过境税”。位于波河及其支流沿岸的一些意大利小国就利用这项税取得部分收入。这种税完全由外国人支付，或许是一个国家能向其他国家的国民课征而不在任何方面妨害本国的工商业的唯一的税。世界上最重要的过境税是丹麦国王对一切通过波罗的海海峡的商船所征收的税。

关税和消费税大部分是针对奢侈品的税，虽然它们不加区别地落在每一种收入上面，最终由课税商品的消费者支付，但它们并不是平等地或成比例地落在每一个人的收入上。由于一个人的性情决定了他的消费程度，因此一个人纳税的多寡是由他的性情决定，而不一定是和他的收入成比例的；浪费的人纳税超过其收入比例，节俭的人纳税低于其收入比例，两个收入一样的人，浪费的人就比节俭的人纳税多。一个富人未成年的时候，可以从国家的保护中获得很大收入，但他的消费行为对国家做出的贡献通常很少。一个人的收入来源在这一个国家，而自己住在另一个国家，他也不会通过消费对收入来源国的政府的维持做出贡献。如果他的收入来源国像爱尔兰那样没有土地税，对于动产或不动产的转移也不征收任何重税，那他就没有向保护其享有丰厚收入的政府做出任何贡献。在政府附属于或依附于其他国家政府的情况下，这种不平等可能最大。一个在附属国拥有大量财产的人一般会选择居住在统治国。爱尔兰正是处在这样的附庸地位，所以，我们不用奇怪，对居住在外国的本国产业主课税的提议会在那里如此受欢迎。只是，要确定该课税的产业主的具体范围，即何种移居、什么程度的移居才能课税，或课税的准确起止时间，或许是有点困难的。不过，我们撇开类似爱尔兰的这种特殊情况不谈，可以看到，这种奢侈品税造成的纳税的个人之间的不平等其实算不得什么不平等，因为每个人的纳税都是自愿的，他消费或不消费课税的商品完全是由他自己决定的。所以，只要这种税税率适当，课征的商品也适当，他们付税的时候就总是比付其他的税牢骚更少。如果这税是由商人或制造商垫付，最后负担此税的消费者很快就会将税和商品的价格混同起来，忘记自己是支付了税金的。

这种税是(或可以是)完全确定的，应缴纳多少，应何时缴纳，也就是缴纳的数量和时间都能确定，不会有任何疑问。不管英国的关税或其他国家的同类赋税有什么不确定之处，都不会是因为这些税的性质，而是因为课征这种税的法律在措辞上不准确或不规范。

奢侈品税一般是零星支付的，也总是可以零星支付的，即纳税者在购买奢侈品的时候，就缴纳相应的税金。在纳税时间和方式上，它是(或可能是)所有赋税中最方便的。总的来说，这种税符合有关课税的四条原则中的前三条，但它在每一方面都违反了第四条原则。

就这种税的征收而言，人民所缴纳的或损失的比实际归入国库的数目要多，而且之间的差额几乎比其他任何赋税都要大。造成这种结果的原因有四方面。

第一，这种税的征收，即使以最适当的方式进行，也要求有大量的关税和消费税官员，他们的薪水和津贴是对人民的实际课税，但不为国库带来任何收入。不过，必须承认，这种支出在英国比在其他大多数国家要少。在1775年1月5日之前的那一年中，在英格兰消费税专员的管理下，各种消费税的总收入为550.7308万英镑18先令8又1/4便士，征收费用花了5.5%。不过，从这个总收入中必须扣除出口奖金及再出口退税，这样的话纯收入就降到了500万英镑以下这一年度的纯收入在除去所有费用和津贴之后，为4975652英镑19先令6便士。盐税也是一种消费税，但由不同的管理部门课征，征收费用更大。关税的纯收入不到250万英镑，官员的薪水及其他开支占10%以上。而海关官员的津贴在各处都比他们的薪水多得多，在某些港口甚至是薪水的两到三倍以上。所以，如果官吏的薪水及其他支出为关税纯收入的10%以上，那么，包括薪水和津贴在内的征收此项收入的全部费用就要达到20%或30%以上。消费税的征收人员很少有或根本没有津贴，这个税收部门的管理机构设立还不久，还不像海关那样腐败——海关建立的时间久，许多弊端也逐渐产生并得到容许。如果关税只对少数商品课征，而且按照消费税法征收，每年关税的征收费用就可以节省很多。

第二，这种税对某些产业部门必然造成某种阻碍或挫抑。由于它们总是提高课税商品的价格，所以它们会挫抑该商品的消费，因而也会挫抑它的生产。如果此商品为本国种植的产物或制造的商品，其生产或制造所使用的劳动就要减少。如果是外国商品，其价格因课税而上升，诚然会使本国的同类商品在国内市场上获得优势、吸引更多的国内资本和劳动，但是，虽然这一特定产业部门得到了鼓励，其他国内产业部门却必然受到挫抑。伯明翰的五金工具制造商购买外国葡萄酒的价格越贵，他为购买该葡萄酒而销售的部分五金工具(或其价格)就越贱。因此，这部分五金工具对他来说价值变小了，他生产这些工具的动力也会变小。一国消费者对另一国的剩余产物付出的越贵，他用来购买它们的那一部分自己的剩余产物(或其价格)就越贱。他自己的那部分剩余产物对他而言价值就变小，他增加其产量的动力也会变小。可见，所有向消费品课征的税都会减少生产性劳动的数量：如果该消费品是国产商品，就会减少生产这种商品的劳动量，如果该消费品是外国商品，就会减少生产购买这一商品的本国商品的劳动量。这种税也会或多或少地改变国民产业的自然方向，不利于国民产业的自然发展。

第三，希望通过走私来逃税常常招致没收财产和其他处罚，使走私人完全破产；违反国家法律的走私者虽然无疑应受谴责或处罚，但他一般不会违反自然正义的法则，如果国法没有把本质上并不是罪恶的行为定为犯罪，他也许在每一方面都是一个优秀公民。一个腐败的政府如果因不必要的支出和滥用公共收入而受到普遍质疑，那保障国家收入的法律也不会得到足够的尊重。当不用伪誓就能找到容易的和安全的走私机会时，许多人会毫不犹豫地进行走私。尽管购买走私商品是对违法(税收法)行为的鼓励，但在许多国家，假装对购买走私商品心存顾忌被看作一种装模作样的伪善，不但不能博得称赞，反倒被人怀疑比别人更不诚实。由于公众的纵容，走私者常常会受到鼓励继续从事这项生意，甚至自视清白，当

税收法要制裁他的时候，他往往会采取激烈的行为来保护他自认为正当的财产。刚开始走私的时候他或许只是一时鲁莽冲动，而不是存心犯罪，但到最后他往往会成为最死硬的、最坚决的违法分子之一。由于走私者的破产，他的资本以前是用来维持生产性劳动的，现在却被纳入国家收入中或税收官员的收入中，用以维持非生产性劳动，因此社会的总资本就会减少，本来会得到维持的有用劳动也会减少。

第四，这种税至少使经营课税商品的商人要经常受到税收人员的频繁拜访和令人讨厌的检查，有时候肯定会使他们受到某些压迫，并总是要面对麻烦和困扰；严格说来烦扰并不算是支出，但为摆脱烦扰，人们是愿意支付费用的，所以烦扰的确等于就是支出。消费税法律，虽然能更有效地达到其设立的目的，但在这一方面却比关税法律更令人讨厌。商人进口课税商品，在缴纳了关税并将货物存入自己的仓库以后，在大多数情况下不会再受到海关人员的烦扰。如果商品应课消费税，情形就不是如此。商人得不断地接受消费税官员的拜访与检查。因此，消费税比关税更加不受人欢迎，征收消费税的官员也是如此。有人说，这些消费税官员执行职务虽然不比海关官员差，但他们的职责常常迫使他们要找别人的麻烦，所以这些人大多养成了海关官员所没有的冷酷性格。不过这种说法或许只是那些营私舞弊的商人的意见，他们的走私或逃税行为常常被消费税官员阻止或揭发。

英国人民所感受到的消费品税不可避免地会带来的那些不便，并不比政府开支同样大的其他国家的人民所感受的大。我们的状况并非十全十美，有很多方面有待完善，但与大多数邻国相比，我们并不输于人，或许还要比它们好一些。

一些国家认为消费品税就是对商人的利润所课的税，所以每销售一次商品就要课征一次税。如果对进口商或制造商的利润课税，那么，似乎也需要对介于他们和消费者之间的中间商人的利润同等课税。西班牙的消费税似乎就是按照这个原则设立的。这种税针对一切动产和不动产的每次出售课征，起初的税率是10%，后来是14%，现在只有6%。征收这种税不但要监视商品由一地转移到另一地，而且要监视商品由一个商店转移到另一个商店，所以不得不安排许多的税务人员。不仅是某些货物的经销商，而且是每一种货物的经销商、每一个农场主、每一个制造商、每一个商人和店主，都要遭受税务人员的不断拜访和检查。实行此税的国家中的大部分地区的商品都不能远距离销售。各地方的生产都必须和邻近地区的消费相适应。因此，乌兹塔里茨将西班牙制造业的没落归咎于这种消费税。其实，西班牙农业的衰落也可归咎于此税，因为此税不但课征于制造品，而且课征于土地的初级农产品。

那不勒斯王国也有一种类似的税，对所有的契约按照其价值征收3%，因而也对所有的销售契约(发票)征收3%。不过这两者都比西班牙的税轻，而且大部分城市和教区可以支付一种补偿金作为代替。这些城市和教区可以用自己喜欢的方式来征取补偿金，一般是用不干扰当地的贸易的方式。所以，那不勒斯的税不像西班牙的税那样具有破坏性。

大不列颠联合王国所有地区通行的统一的课税制度(只有少数无关紧要的例外)，几乎使全国的内陆贸易和沿海贸易都实现了完全的自由。内陆贸易几乎完全自由，大部分货物可以从王国的一端运往另一端，不需要有任何许可证或通行证，也不受收税人员的盘诘或检查。虽然有少数例外，但对国内贸易的任何重要部门都没有妨碍。沿海岸输送的商品需要有证明书或沿海输送许可证，但除煤炭外其余商品几乎是免税的。这种由于税制的统一而达到的国内贸易自由，可能就是英国繁荣的主要原因之一，因为每个大国必然都是它自己的大部分产品最好和最广阔的市场。如果将同样的税制统一所产生的同样的自由推广到爱尔兰和各殖民地，帝国的伟大和繁荣可能会远远超过今天。

在法国，各省实行不同的税法，需要在国家边境和几乎每一个省的边境设置众多的稽征人员，以阻止某种商品的输入或是对其课税，这使其国内贸易受到很大的干扰。有些省可以缴纳补偿金代替盐税；有些省则完全免征盐税。有些省不设烟草专卖权，而在其他大部分省份则由包税人享有烟草专卖权。消费税(aides，相当于英国的消费税)的征收在不同的省份也大不相同。

有些省不征收这种税，征收补偿金或其他等价物；而在征收此税并实行包税制的省，许多城市和地区还有自己的地方税。他们的关税(traites，相当于英国的关税)将国家分为三个部分：第一部分，实行1664年关税、称为五大包税区的省，包括皮卡迪、诺曼底和王国的大部分内陆省份；第二部分，实行1667年关税、称为外疆的各省，包括大部分的边境省份；第三部分，所谓被当作外国对待的各省，这些省因为被允许与外国进行自由贸易，所以在它们和法国其他省份进行贸易时，对它们实行的税制与对外国实行的税制相同。这些省份是：阿尔萨斯省，梅斯、图尔和凡尔登三个主教教区，以及敦刻尔克、贝昂纳和马赛三个市。在五大包税区(古代将关税分为五大部门，每一部门最初都是由一个特定包税区来征收，所以有这个称呼。现在各部门已经合并在一起了)及所谓外疆各省，许多城市和地区有自己的地方税。甚至在被当作外国对待的各省也有许多地方税，尤其是在马赛市。实行这么多不同的课税制度，会给国家的内地贸易带来多大的限制，会需要多少税收官员来镇守实行这些税制的省份和地区的边境，已是不言而喻。

除了上述复杂税制所产生的一般限制外，法国的大部分省份还存在着对葡萄酒——这是除谷物之外法国最重要的产物——的贸易的特殊限制，因为某些特定省份和地区的葡萄园比其他省份的葡萄园享有更多的优惠。可以发现，葡萄酒最著名的省份就是在葡萄酒贸易上受到的限制最少的省份。这些省份享有的广阔市场，促进了它们的葡萄园种植和随后的葡萄酒生产。

这种复杂和繁多的税制并不是法国所独有。米兰这个小公国划分为六省，各省各自针对一些不同种类的消费品制定了特别的课税制度。领土更小的帕尔马公国划分为三个或四个省，各省也同样有自己的课税制度。在这种不合理的制度下，如果不是土地非常肥沃，气候非常适宜，这些国家恐怕早已陷入贫穷和野蛮的低级状态。

消费品税可以用两种方法课征：一是由政府设立行政机构征收，在这种情况下，收税人员由政府任命，直接对政府负责，而政府的收入也必定随征收数目的变化而变化，每年各不相同；二是由政府规定一定的数额，责成包税人征收，在这种情况下，征收人员可以由包税人任命，他们虽然必须按法律所规定的方式征税，但处于包税人的直接监督之下，对他直接负责。最妥善、最节约的收税方法绝不是这种包税制度。包税人除了支付规定的税额、人员薪水和所有稽征费用以外，还必须从税收中获得一定的利润，至少是与他所作的垫支、他所承担的风险、他所经历的麻烦以及他处理这么复杂的利害关系所需要的知识和能力相称的利润。如果政府自己设置类似包税人所设的那样的管理机构，由自己直接监督，至少这种利润——通常是一笔非常巨大的数额——是可以节省的。要承包国家的大额税收必须有大资本或大信用，单是这个条件就会使对这项业务的竞争只局限在少数人之间。在少数具有这种资本或信用的人中，又只有少数人才具有必要的知识和经验——这一条件进一步限制了竞争。而这些有资格进行竞争的极少数人知道，他们彼此团结起来会给自己带来更大的利益，于是大家不竞争而改为合作，在包税投标的时候，他们的报价会远低于标的的实际价值。在公共收入采用包税制的国家，包税人一般是最富有的人。单是他们的财富已足以激起公众的不满，而他们的暴发户般的虚荣和他们炫耀财富的愚蠢卖弄，更会进一步增加人们的愤慨。

公共收入的包税人决不会认为惩罚逃税者的法律过于严厉。纳税人不是他们的臣民，他们自然也不必加以怜悯，而即使纳税人在纳完税之后马上破产，也不会影响他们的利益。在国家处于最紧急状态的时候，君主必定无比关心税收是否能足额征收上来，此时包税人总是会趁机抱怨说，如果没有比现行法律更严峻的法律，他们连平常的税额都不可能付得出来。在这种国家危难时刻，他们的要求通常是有求必应的。因此，税法逐渐变得越来越严厉。最严酷的税法常常出现在对大部分公共收入采用包税制的国家，而最温和的税法则常常出现在君主直接监督税收的国家。即使是一个昏庸的君主，他对人民的同情也远超过包税人。他知道，王室的显赫和持久依存于人民的繁荣，他决不会为了自己的一时之利去有意地破坏这种繁荣。而对包税人来说则不是这样，这些人的显赫常常是人民更加穷困的结果，而不是人民繁荣的结果。

有时候一种税不仅以一定的税额包给包税人，而且给予包税人对这种课税商品的垄断权。在法国，烟草税和盐税就是用这种方式征收的。在这种场合，包税人从人民那里得到的就不是一种，而是两种过度的利润，即包税人的利润和垄断者的更加过度的利润。烟草是一种奢侈品，每一个人都有买或不买的自由。但盐是必需品，每个人都必须向包税人购买一定的数量；如果他不向包税人购买，就会被认为他会向走私者购买。对这两种商品所课的税都非常重，因此对许多人来说走私的诱惑是不可抗拒的。但同时由于法律的严厉和包税人手下官员的警惕，对诱惑的屈服差不多就等于灭顶之灾。每年都有数百人因走私盐和烟草而坐牢，此外还有很多的人被送上断头台。然而用这种方式征税可以为政府提供很大的收入。1767年，烟草包税额全年为22541278利弗，盐的包税额是36492404利弗。从1768年起，这两项包税被约定按这个数额持续6年。为了君主的收入而把人民的鲜血看得一钱不值的人，或许会赞成这种课税方法。许多其他国家也建立了针对盐和烟草的类似赋税和垄断，特别是在奥地利和普鲁士，以及意大利的大部分邦。

在法国，王室的大部分实际收入是从八个来源获得的，即贡税、人头税、二十取一税、盐税、消费税、关税、官有财产和烟草包税。后五种税在大部分省份都是采用包税制征收。前三种税在各处都是由政府直接监督和指导的税务机构征收。就与从人民那里征收的数额的比例而言，众所周知，前三种税实际上归入国库的数额要比后五种税多，后五种税收的稽征耗费更大，浪费也更大。

法国的财政在现在的状态下似乎可以进行三项明确的改革。第一，废除贡税和人头税，增加二十取一税，使其增加的收入等于前两者的金额，这样既可以保持王室的收入，又可以减少稽征的费用，同时也可以消除贡税和人头税给下层人民带来的烦扰，而上层阶级的负担也不会比现在更重。我曾说过，二十取一税与英格兰所谓的土地税相类似。按公认的说法，贡税最终是由地主负担，而大部分的人头税则是由贡税的纳税人按其缴纳贡税的比例征收，所以大部分人头税最终也是由同一阶层的人负担。因此，虽然二十取一税是按照贡税和人头税两种税的税额进行增加，上层阶级的负担也不会比现在更重。当然，一些个人的负担无疑会加重，因为此前在向不同的人的地产和佃户估征贡税时通常有很大的不平等。这些享有优惠的人的利益以及他们的反对力量，就是最可能阻止这种改革的妨碍。第二，统一法国各地不同的盐税、消费税、关税、烟草税，即统一所有关税和消费税，这样，征收这些税的费用可以大大少于现在，法国的国内贸易也可以如同英国一样自由。第三，将所有这些税全部交给政府直接监督指导的税务机关征收，包税人的过度利润就可以纳入国家收入之中。不过，由于个人的私人利益所产生的反对力量，也很可能阻止后两种改革计划的实施，就像阻止第一种改革计划的实施一样。

法国课税制度在每一个方面似乎都劣于英国的制度。英国每年从不足800万的人口中征收到1000万英镑税款，而且没有哪个阶级在这过程中受到了压迫。根据埃克斯皮里神父搜集的资料，及《谷物法与谷物贸易论》作者的观察，法国的人口，包括洛林和巴尔在内，约为2300万到2400万，大概是英国人口的3倍。法国的土壤和气候好于英国。法国土地的改良和耕种时间比英国长，因此凡是需要长时间来建造和积累的事物法国都比英国多，比如大的城市，比如城市和乡村里便利和坚固的建筑。有这些有利条件，本可以期待法国能征收到3000万英镑的公共收入，而且像英国征收1000万英镑一样不费力。不过，根据我所能得到的最好的报告(虽然是非常不完备的报告)，1765年和1766年，归入法国国库的全部收入，只有3.08亿利弗到3.25亿利弗，折合英镑的话，还不到1500万英镑，即如果法国人民也按照英国人民的同一比例纳税的话，这还不到预计的一半。可是，众所周知，法国人民受到的赋税的压迫比英国人民重得多。而在欧洲，除英国之外，法国已算是政府最温和、最宽容的大帝国。

在荷兰，对生活必需品课征重税据说破坏了他们主要的制造业，甚至他们的渔业和造船业也逐渐受其影响。英国对必需品所征收的税是微不足道的，迄今没有任何制造业受到课税的破坏。英国制造业负担最重的税只是几种原材料的进口税，特别是生丝进口税。可是，荷兰中央政府及各市的收入据说达 525 万英镑以上；由于荷兰人口不超过英国人口的 1/3，所以，按照人口的比例计算，荷兰的赋税肯定要重得多。

在所有适当的课税对象均已课税之后，如果国家因为形势紧急仍然需要继续增加新税，那就必须向不适当的对象征税。因此，或许无法指责荷兰共和国政府对必需品课税，他们尽管已经非常节约，但为了取得独立和维持独立，陷入了耗费巨大的战争，不得不大规模举债。而且，荷兰和西兰岛这种特殊的地方，即使只是为了保持国土不被海水吞没都需要一笔不小的费用，这也致使这两个地区的人民赋税负担大为加重。共和政体似乎是荷兰如今的成就的主要支柱。大资本家、大商业家族要么直接参与政府的管理，要么间接地影响政府。因为他们从这一地位获得的尊敬和权威，他们愿意居住在这个国家，哪怕与欧洲其他地方相比，在这个国家投入资本所获得的收益要小些，在这个国家贷款给别人所获得的利息要低些，以这些收入在这个国家能购买的生活用品也要少些。而这些富有的人居住在荷兰，哪怕那里存在着许多不利的因素，也使荷兰的产业保持着一定程度的活跃。如果国家发生灾难，共和政体受到破坏，统治权落入贵族和军人之手，这些富商的重要性就会完全消失，他们就不会愿意继续居住在这个自己不再受人尊敬的国家。他们会携带资本迁往他国，而荷兰的产业和商业也就会立即跟着支持它们的资本来个大转移。